札所・寺社めぐり超入門

御朱印のひみつ

見かた・楽しみかたがわか

佛教大学教授
八木 透 監修

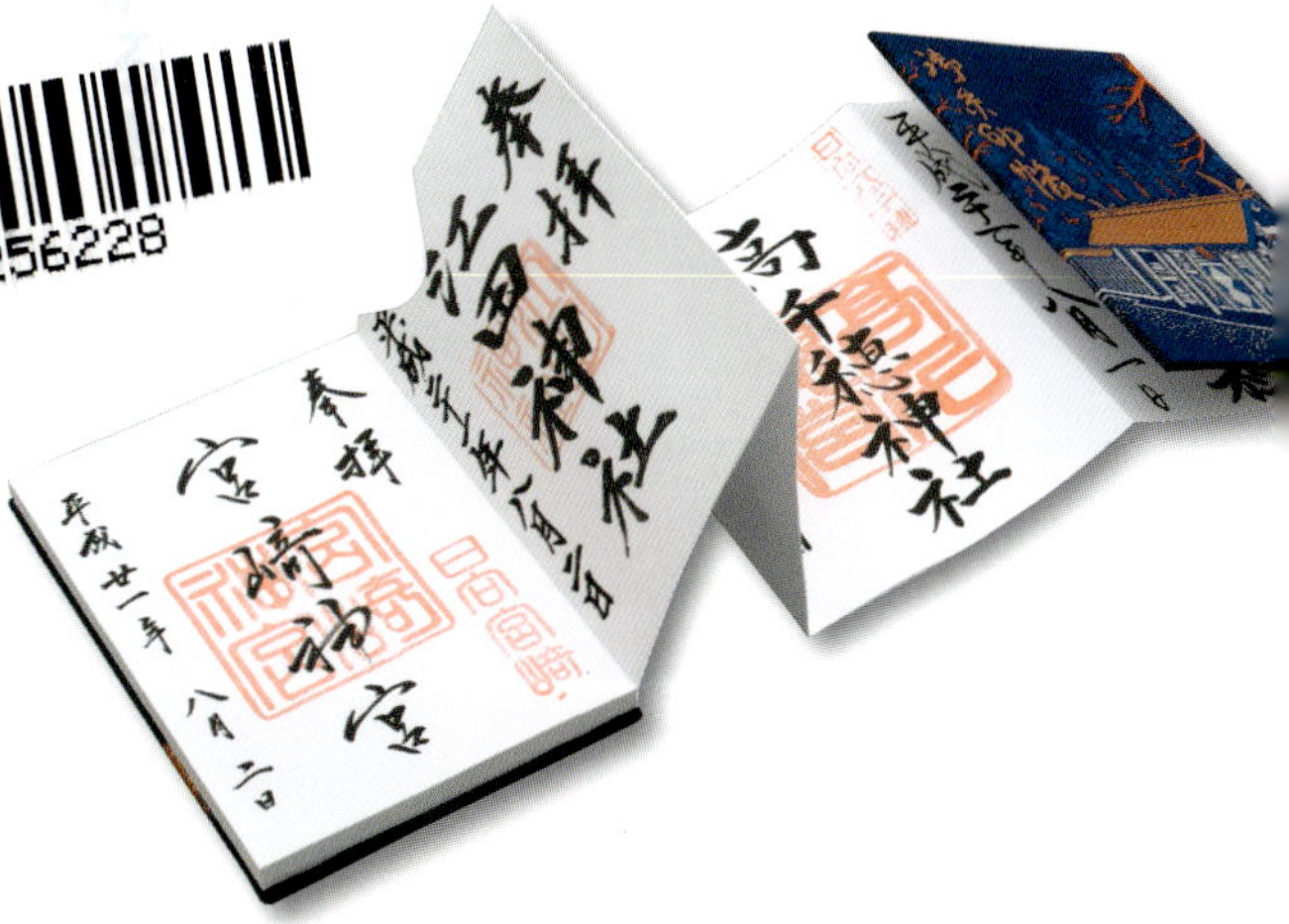

Mates-Publishing

はじめに

御朱印集めをする人が、ますます増えている。

京都や奈良、鎌倉の有名寺院や神社では、御朱印を求める人たちが長い列をつくることも珍しくない。

なぜ、いま御朱印が人気なのだろうか。

背景には、近年の世相の影響があるだろう。現代は人々が大きな将来不安を抱えている時代だ。それゆえに、数年前からパワースポットめぐりが人気を集めていた。お寺や神社もそうしたパワースポットの一つ。そこを訪れた記念に、御朱印を求める人が増えてきたようだ。

また、近年はめぐり巡礼をする人も増えている。めぐり巡礼とは、四国八十八カ所や西国三十三カ所など、決められた数の霊場（札所）を巡拝することで、願いがかなうとされる修行の旅だ。訪れた霊場では御朱印をいただくのがならわしだ。

かつては願をかけてめぐったものだが、最近は「自分を見つめ直すため」という目的で巡拝する人も多いという。御朱印は、自分探しの旅の小道具の一つにもなっているようだ。

もともといろいろな場所を回って何かを集めることは、日本人がとても好む行為。いまやスタンプラリーの感覚で楽しむ人も多く、そのカジュアルさも御朱印ブームを盛り上げている大きな要因だ。

本書では、御朱印の基礎知識から楽しみ方の提案、全国各地の寺社で集めた御朱印の数々を紹介している。

本書を参考にして、あなたもぜひ御朱印集めを楽しんでほしい。

スタンプラリー感覚のカジュアルさで
いま、御朱印収集が空前のブームに

もくじ

第3章 巡礼と御朱印

第4章 御朱印コレクション

寺院編

神社編

※本書は2012年発行の『御朱印　見かた・楽しみかた』を元に再編集した改訂版です。

これから御朱印収集を楽しんでいくために

御朱印ビギナーに捧ぐ より親しむコツ4カ条

本書を手に取り、これから御朱印を楽しんでいきたいと思っている人は多いだろう。そんな御朱印ビギナーのために、御朱印に親しむコツをお教えしよう。

❶ たくさんの御朱印に触れよう

御朱印に親しむためには、数多くの御朱印を見ることが大切。本書はもちろん、インターネットなどでも多くの御朱印が紹介されているので参考にして欲しい。多くの御朱印に触れていけば、書かれている内容がだいたい分かるようになり、より楽しめるようになるはずだ。

❷ 御朱印帳を常に持ち歩こう

今回はお寺や神社に行く予定がないからと、御朱印帳を持たずに出かけたときに限って、偶然素敵なお寺や神社を見つけたりするものだ。ちょっと遠出をするようなときは、御朱印帳は必携と心がけよう。

❸ 本書紹介の御朱印と違っても問題なし

本書で紹介している御朱印と、実際にいただいた御朱印が違っていることもある。書いてくださる人によって御朱印の印象はまったく変わるし、デザインや構成が変更になっている場合もある。あなたが参拝していただいたものが、あなたの御朱印なのだ。

❹ 仏教や神道に興味を持とう

本書でも仏教や神道の世界観などについて簡単に解説しているが、仏教や神道を知れば知るほど、御朱印の面白さも分かってくる。仏教や神道の解説書なども読んでみよう。日本史にも詳しくなれる。

第1章

御朱印の基礎知識

お寺や神社でいただける御朱印とは、そもそもどういうものなのだろうか。
この章では、御朱印の歴史や書かれていることとその意味、
基本的な楽しみ方について紹介していく。

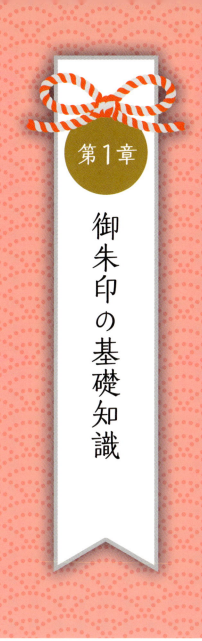

お寺や神社でいただける墨書に朱印が押された印状のこと

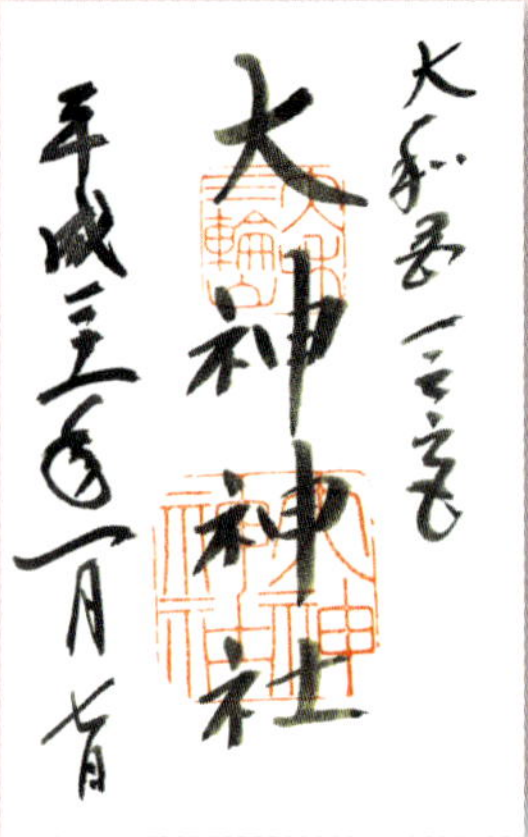

神社の御朱印

神社でいただける御朱印は、中央に神社名が大きく書かれるものが一般的だ。印は、社紋と神社印の二つというケースが多い。シンプルですっきりした印象だ。

お寺や神社に〝参拝したあかし〟にいただくもの

御朱印とは、寺社を参拝したあかしとしていただける印状のこと。B6判程度の大きさの紙に、お寺のご本尊の名前、神社の名前などが墨書され、そこに朱の印が押される。書かれる文字や押される印は寺社によって異なる。専用の御朱印帳に書いてもらい、収集するのが一般的だ。

紙に墨書され、朱の印が押されているのなら、寺社で授与されるお札と同じようにも思える。けれどもお札はご祈祷《きとう》やお祓《はら》いがなされ、仏様や神様の

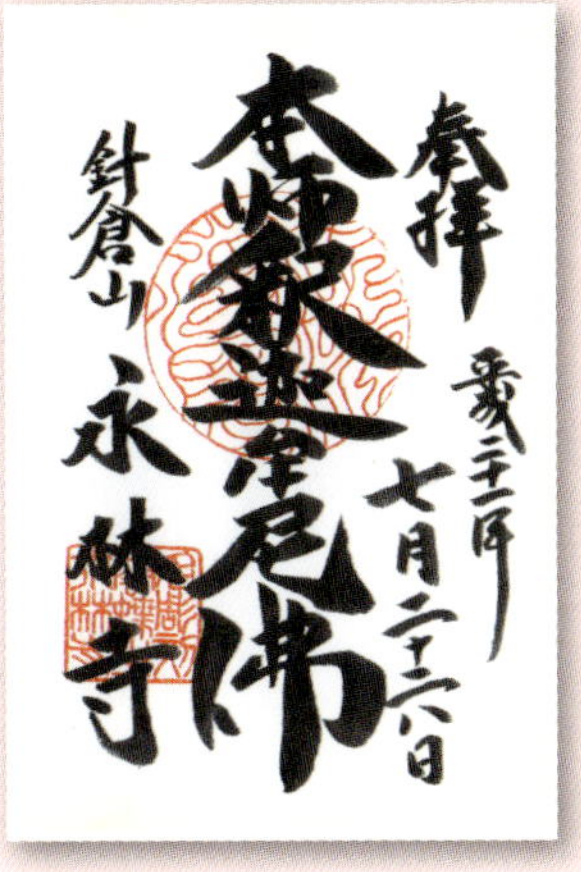

お寺の御朱印

お寺でいただける御朱印には、そのお寺のご本尊の名前が大きく書かれるケースが多い。印は篆書（てんしょ）、隷書（れいしょ）、梵字（ぼんじ）のものなど、さまざまなバリエーションの印がある。

分身としていただくもの。それに対して御朱印はあくまで〝参拝したあかし〟なのだ。

一つひとつが唯一無二 その味わいを堪能しよう

ご利益を求めるものではないが、単なる記念スタンプでもない。ご本尊の名前が書かれたり、祀られている神様に由来する印などが押されている、実に神聖なものであることは間違いない。保管・取り扱いは気をつけたいものだ。

御朱印の最大の特徴は、一つひとつ手書きされることだ。したがって書かれる文字は同じであっても、筆さばきやかすれ具合など、書く人によってその味わいはさまざまだ。

つまり、御朱印との出会いは一期一会。そんなところが御朱印の大きな魅力といえるだろう。

もともとはお経を納めたあかし。旅の自由度の向上とともに現在の形に

いまでも納経印などと表現する寺社もある

御朱印の歴史はさほど古いものではなく、その登場は近世（江戸時代）以降と考えられている。

御朱印はもともと信者が写経し、それをお寺に納めたあかしとして授与されるものだった。いまでも御朱印を「納経印《のうきょういん》」、御朱印帳を「納経帳《のうきょうちょう》」などと呼ぶのはそのためだ。

納経印は、四国八十八カ所や西国三十三カ所などのめぐり巡礼で広まったと考えられる。古くはすべての札所で、巡礼者が写経したお経を納め、その見

御朱印は、納経したことのあかしとして授与されたもの。めぐり巡礼によって広く普及していったと考えられる

返りとして納経印が授与されたのだ。しかし、明治期以前は誰もが自由に旅をできる時代ではなかったため、めぐり巡礼に出るというのは限られた人たちだった。

明治時代の末期にはコレクターもいたようだ

御朱印が広く一般に広まったのは明治時代以降と考えられる。庶民が自由に旅行できるようになり、寺社参拝は旅の代表的な目的となる。御朱印は「まさにそこに行った」ことのあかしとなり、明治末期にはコレクションする人も増えたようだ。

昭和に入るとお寺だけでなく、全国の天皇陵や一の宮を参拝して御朱印を集めることも広まる。そして戦後、西国巡礼や四国遍路の旅が形として定着するようになると、御朱印収集はより多くの人に浸透していった。

朱の印は古来から特別な意味があった

戦国大名は公式文書に朱印を使っていた

そもそも「朱印」の歴史は古く、その起源は律令時代にさかのぼる。平安時代になると墨でサインする「花押《かおう》」が一般的になり朱印は一旦すたれるが、室町時代後期から再び戦国大名らが多く使うようになる。織田信長などは指令伝達など、より正式な書状には朱印、私信などには黒印、と使い分けていたようだ。

つまり朱印は〝より正式なもの〟の意図があったのだ。これがやがて寺社にも伝わったと考えられる。

仏事に使った牛玉宝印《ごおうほういん》が起源とも考えられる

お寺が授与する御朱印の起源の一つと考えられるものに「牛玉（王）宝印」がある。牛玉宝印とは、主に密教系の寺院で修正会や修二会といった仏事の際、僧侶や参拝者に配られる厄よけのお守り札。これに朱印が押されていた。牛玉とは牛の胆石である「牛黄《ごおう》」のことで、もともと朱印にこの牛黄を混ぜたことに由来するといわれている。

この牛玉宝印は室町時代ごろからあり、神仏に契約を誓うときや一揆の連判状などにも用いられた。御朱印は、この牛玉宝印が転じて進化したものであるとも考えられている。

神社の御朱印は、お寺が御朱印の授与で参拝者が増えたことを見習って始められたようだ。

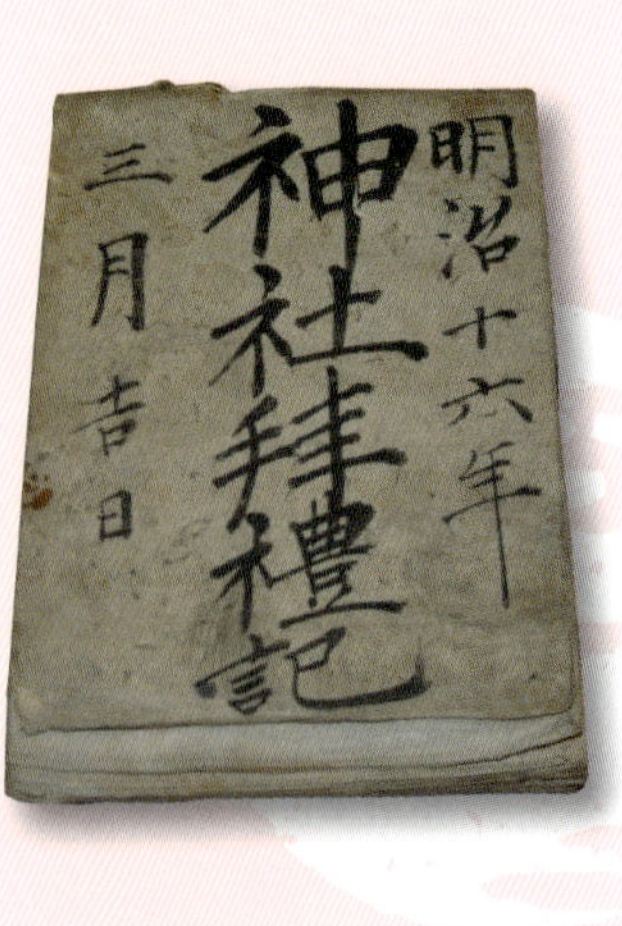

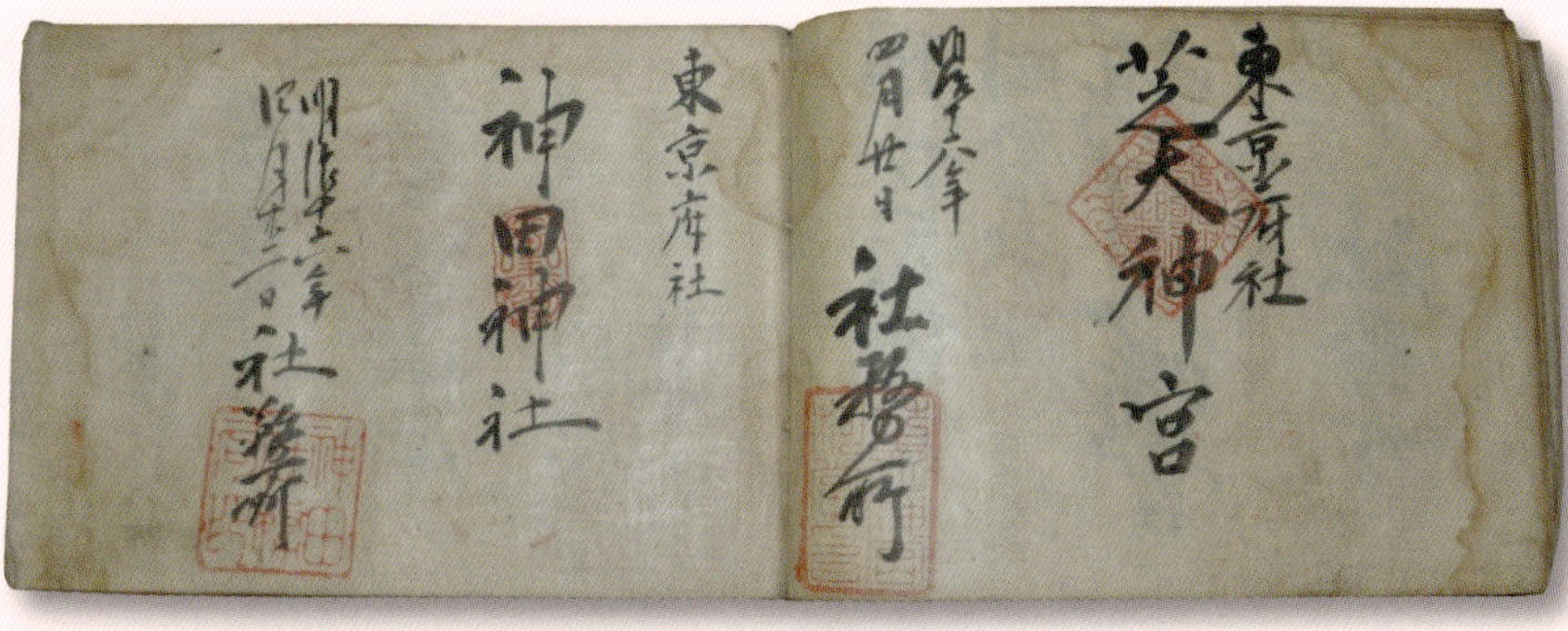

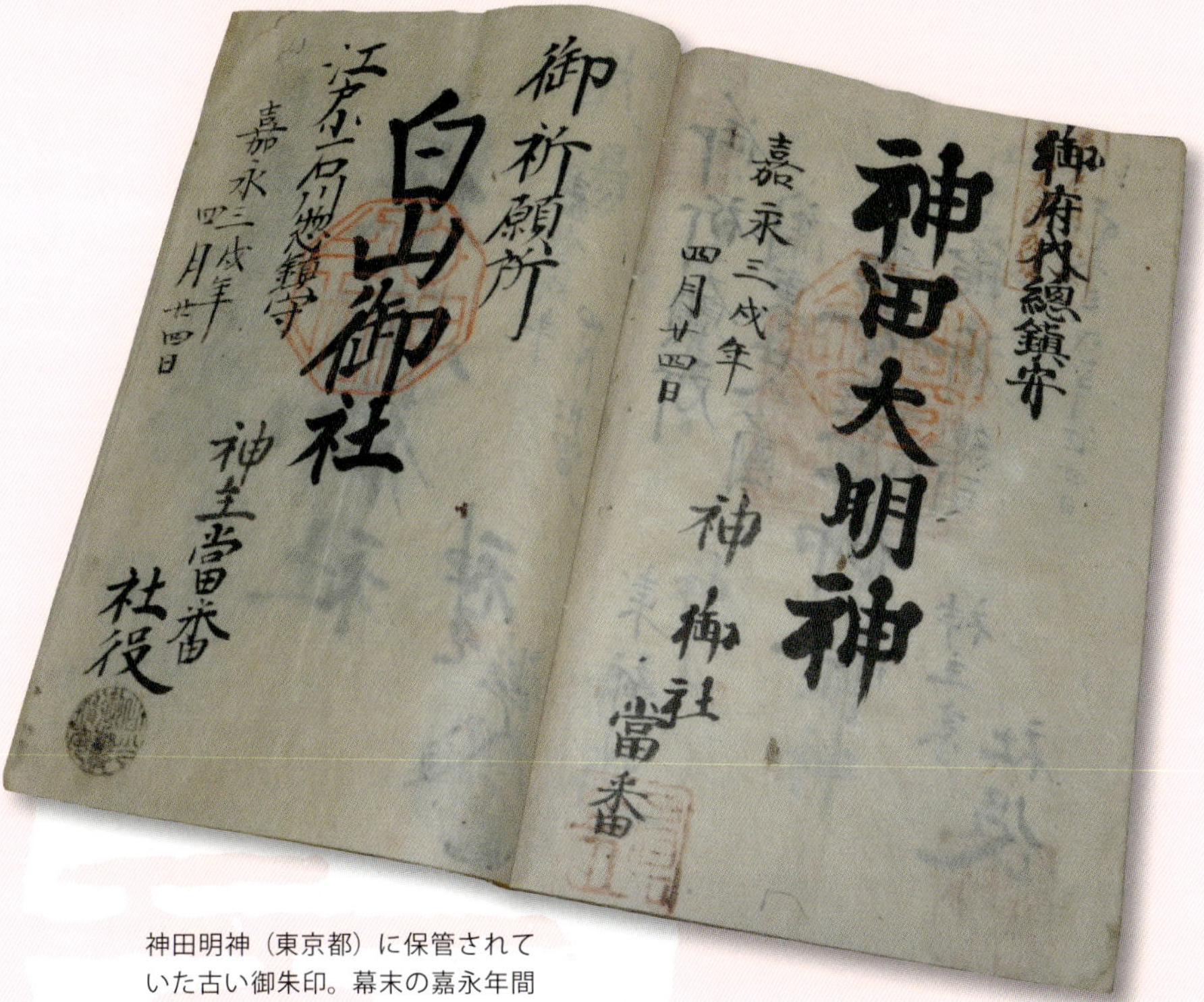

神田明神（東京都）に保管されていた古い御朱印。幕末の嘉永年間（1848〜1853）のもの、明治期のものなどがあった。関東一円の神社の御朱印が収集されている

楽しかった旅の思い出とするもよし、アートとして文字を楽しむもよし

そこに行かなければ手に入れられないもの

御朱印集めの楽しみとはなにか。まず一つに、さまざまなお寺や神社に出向くという楽しみがある。インターネットでどんなものでも居ながらにして手に入る時代にあって、御朱印はそこに参拝に行かなければいただけない。

つまり御朱印を集めることは、さまざまな場所に行って新しい出会いを得ることだ。集まった御朱印を眺めれば、それをいただいたときの様子が思い浮かぶことだろう。そんな旅のよき思い出となることが、御朱印集めの最大の楽しみといえる。

また、お寺や神社を参拝することは、心に静寂をもたらす行為だ。ゆったりとした時間を過ごして心身を清めれば、自分の中に新たなパワーが生まれる。これも御朱印を集めることの大きな副産物といえそうだ。

集めた御朱印の数だけパワーが蓄積していく

さらに集めた御朱印は、単純にアートとして眺めても楽しい。御朱印は一つとして同じものがない墨書と、さまざまな形の朱の印とで構成される。たくさん集まれば、いろいろ見比べる楽しみが生まれる。

御朱印は特別なご利益を求めたり、願をかけて集めるものではない。楽しい旅の記念として気軽に集めればいいだろう。けれども、いただいた御朱印の数だけ、自分の心身に清らかなパワーが蓄積していくのだ。

外国人の御朱印ファンも増えている。外国人にとって、漢字は魅力的なアートだ

御朱印をいただくことは、参拝のあかしとなる。オリジナル御朱印帳も、旅のよい思い出の一つに

鶴岡八幡宮《つるがおかはちまんぐう》（神奈川県）

源頼義が奥州を平定した後、源氏の氏神として京都の石清水八幡宮を由比ヶ浜辺に祀ったのが始まりとされる。鎌倉観光の中心的存在。

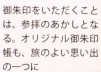

中央には本尊の名前、左に寺名が書かれることが一般的

本尊を別の呼び方で書き記すことも多い

御朱印にはさまざまなスタイルがある。中央には、「阿弥陀如来」「釈迦如来」「薬師如来」「不動明王」など、そのお寺の本尊の名前が書かれることが一般的だ。観音菩薩が本尊の場合は、「大悲閣」「大悲殿」などと記されることも多い。これは観音の別名、大悲菩薩がいる場所という意味だ。

三宝印や梵字の朱印もポピュラーな存在

右上には「奉拝」と書かれることが多く、これは「つつしんで参拝します」という意味。その下には参拝した日付、左側にはそのお寺の山号やお寺の名前が記される。

朱印は、本尊を古代インドの梵字で表した御宝印、「仏法僧宝」の4文字が刻まれた三法印などが中央に押されることが多い。あとは「奉拝」の文字や山号、寺院名、巡礼コースの一つなら何番目の札所かという札所番号などの印が押される。

奉拝〈ほうはい〉

「奉拝」とは「つつしんで拝むこと」。お寺の御朱印にも、神社の御朱印にも、ほとんどの場合右上に書かれる。

御宝印・三宝印
〈ごほういん・さんぽういん〉

中央には本尊を梵字で表した御宝印、「仏法僧宝」の4文字を彫った三宝印などが押されることが一般的。

お参りした年月日

参拝し、御朱印をいただいた日付が入れられる。あらかじめ書き留めておいた御朱印をいただく場合も、日付だけ書いてくれる。

本尊名やお堂名など

御朱印中央には、本尊の名前、本尊のいるお堂の名前などが書かれることが多い。そのお寺の特色を表すキーワードと考えよう。

お寺の押し印

お寺の名前の押し印「寺印」も必ず押される。四角形、丸形など、いろいろなバリエーションがあるので数多く集めて楽しみたい。

寺号

お寺の名前が墨書される。寺号の上に「○○山」と山号も合わせて書かれるケースも多い。

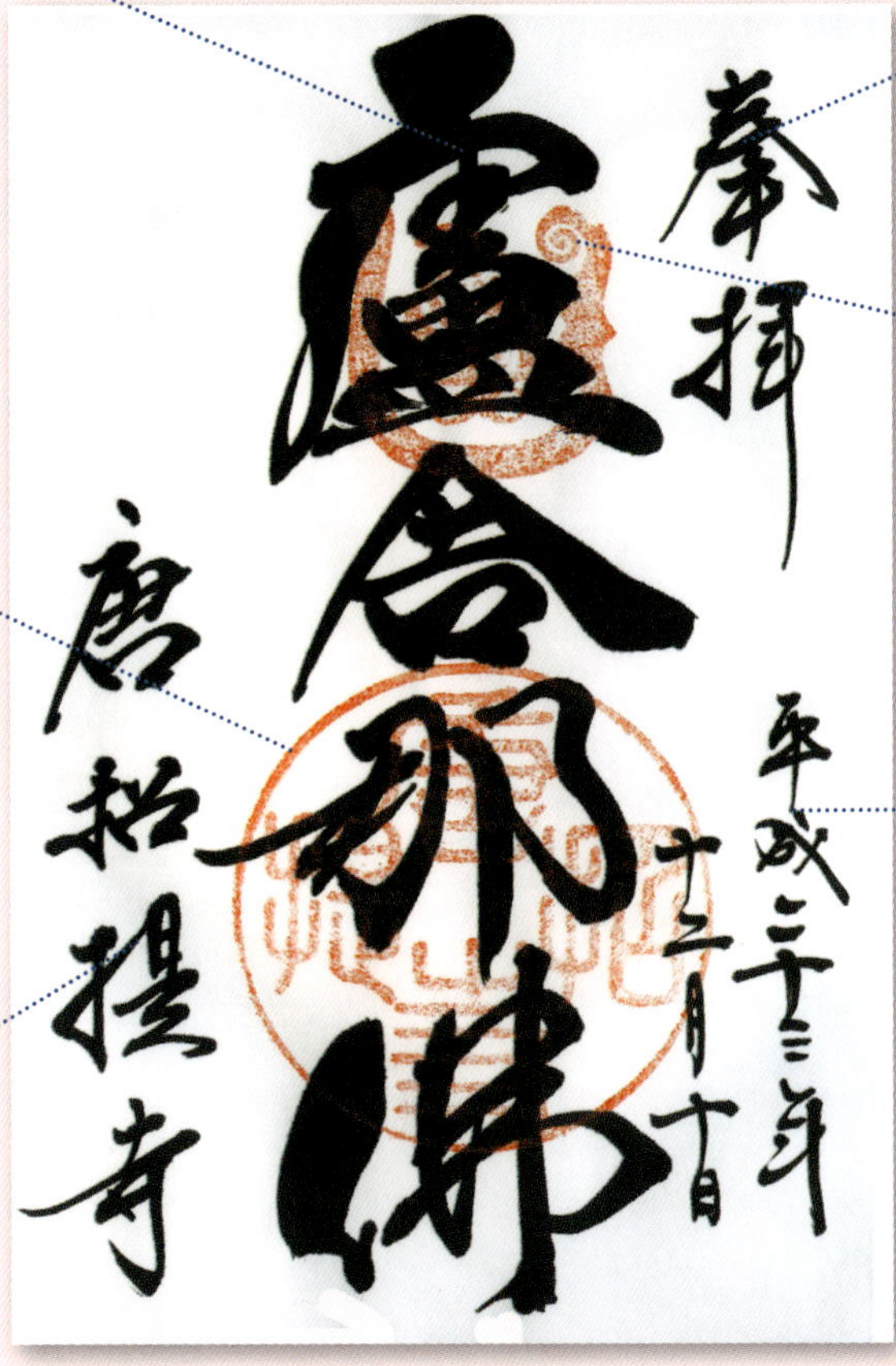

唐招提寺《とうしょうだいじ》（奈良県）

南都六宗の一つ、律宗の総本山。苦難の末に来日を果たした中国の僧・鑑真和上が、戒律の修行道場として開いたお寺だ。本尊は、高さ3メートルを超える巨大な盧舎那仏（国宝）。

中央に神社名が墨書され、朱印は祀られている神様に由来する紋

シンプルに爽やかに分かりやすい御朱印

神社でいただける御朱印は、お寺のものと比べてシンプルな構成だ。

中央には、神社の名前が大きく書かれることが一般的。字体もお寺のものに比べて、あっさりと読みやすい楷書体や草書体が多い。

右上には、「つつしんで参拝します」という意味の「奉拝」、左側には参拝した日付が入ることが一般的。

朱印は神社名の印と社紋のパターンが多い

朱印は中央に一つ、あるいは二つというのがよく見るパターン。一つは神社の名前の印。もう一つは社紋といい、その神社に祀られている神様に由来する紋の押し印だ。代表的なものに菊紋、三つ巴紋、梅紋、稲紋などがある。

全国にある一の宮（旧国ごとに一つずつある、その地域を代表する神社）では、右上に「○○国一の宮」という朱印が押されることが多い。

いろいろな御朱印を楽しもう。

奉拝〈ほうはい〉

お寺の御朱印と同じように、右上には「つつしんでお参りします」を意味する「奉拝」と書かれることが一般的。

その他の押し印

神社の特色に関連する、このような印が押されることもある。皇紀とは、神武天皇即位の年を元年と定めた紀元。

神社名

神社の御朱印では、神社名が中央に墨書されるケースが多い。字体もいたってシンプルで、読みやすい。

社紋の押し印

神社に祀られている神様に由来する紋の印。御朱印の中央や上部に押されることが多い。明治神宮は菊紋と桐紋の二つを使う。

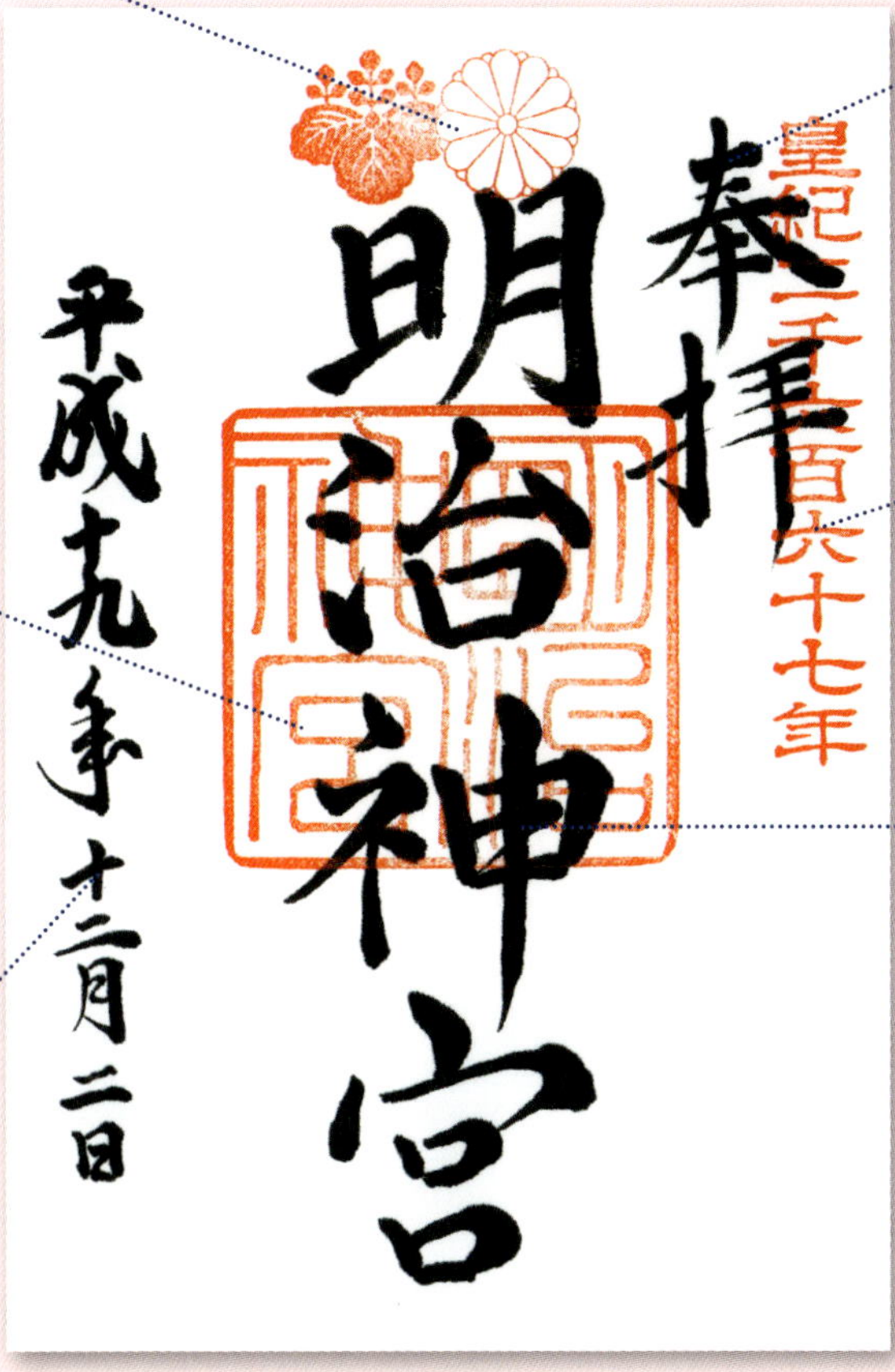

神社の押し印

神社の名前が刻まれた押し印。四角形や丸形など、さまざまな形がある。墨書と重ね、中央に押されるのが一般的。

お参りした年月日

参拝し、御朱印をいただいた日付が墨書される。神社の御朱印では、左側に書かれることが多い。

明治神宮《めいじじんぐう》（東京都）

明治天皇と皇后の昭憲皇太后をお祀りする神社。都心の真ん中にあるにも関わらず、うっ蒼とした緑に囲まれるパワースポットだ。

まずは最初の一冊を手に入れよう。お寺用と神社用は分けると便利

表紙〈ひょうし〉

お寺や神社のオリジナル御朱印帳では、五重塔など、その寺社の特色を表したデザインが施されたものが多い。

厚手のしっかりした紙が蛇腹折りになっている

御朱印帳とは、御朱印を書いてもらう専用の帳面のこと。大きさはだいたいB6判程度で、厚さは1センチほどが一般的だ。

表紙は仏像が描かれていたり、絹織物のようなデザインのものがあったりとさまざま。ビニールカバーがかかっているものもある。通常のノートとは違い、中面が蛇腹折りになっているのが大きな特徴だ。

御朱印はこの蛇腹の一ページごとにもらう。同じ面に順番にいただいていき、

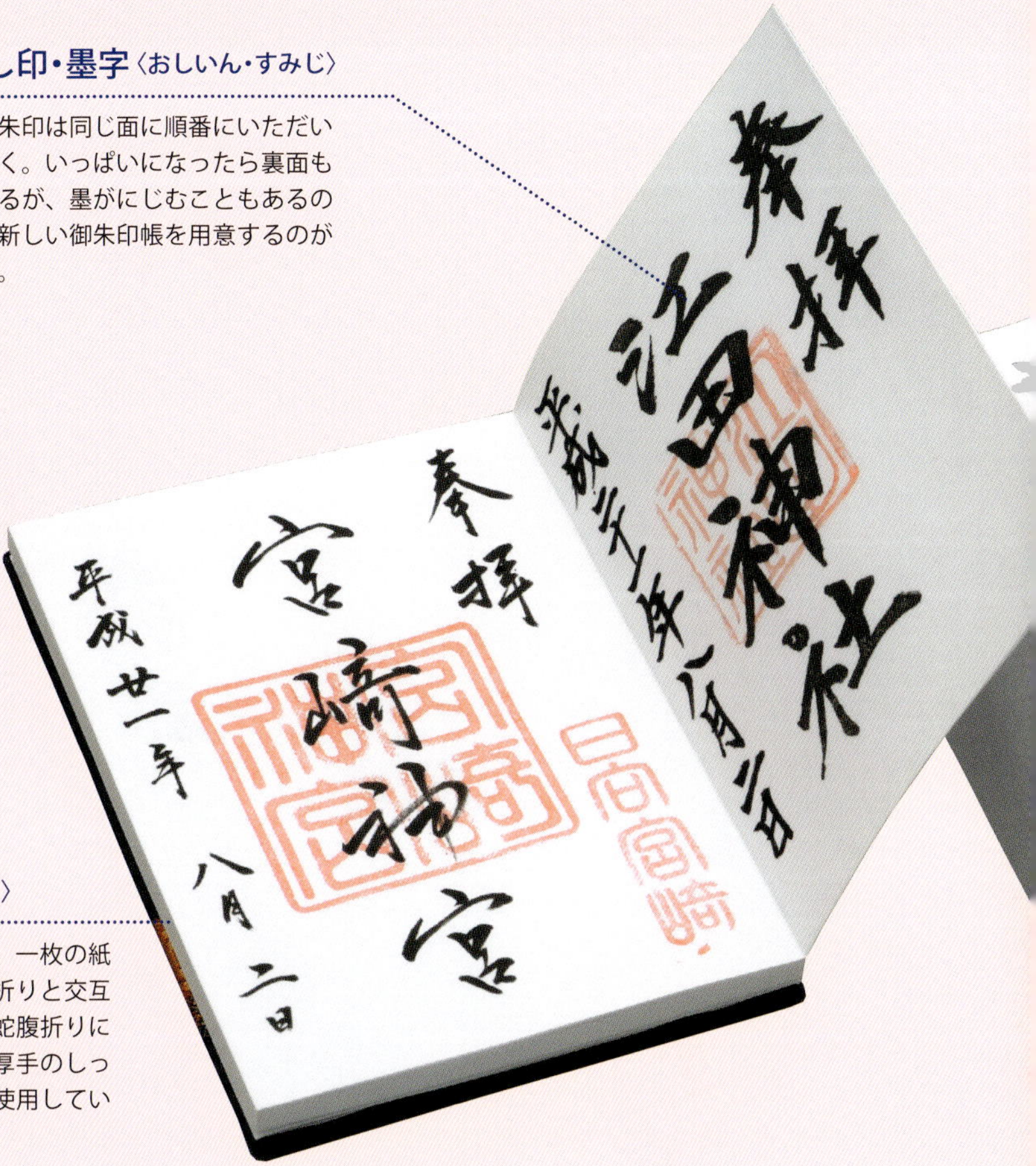

押し印・墨字〈おしいん・すみじ〉

御朱印は同じ面に順番にいただいていく。いっぱいになったら裏面も使えるが、墨がにじむこともあるので、新しい御朱印帳を用意するのが無難。

蛇腹折り
〈じゃばらおり〉

御朱印帳は、一枚の紙を山折り、谷折りと交互にくり返した蛇腹折りになっている。厚手のしっかりした紙を使用していることが多い。

いっぱいになったら裏面にいただくこともできる。しかし、墨がにじむことも多いので、片面が埋まったら新しい御朱印帳を用意することをおすすめする。

有名なお院や神社にはオリジナル御朱印帳がある

大きなお寺や神社ではオリジナルの御朱印帳を頒布しているし、大型文具店などでも販売している。価格は1000円~2000円くらい。

お寺の御朱印も神社の御朱印も、一冊の御朱印帳で集めていってかまわない。しかし、のちのちきれいに整理・分類したいと考えるのなら、お寺と神社は別々の御朱印帳に集めていったほうが便利かもしれない。

御朱印帳は適当な大きさの茶巾ポーチなどに入れて持ち歩けば、汚れや傷みを防ぐことができる。

神社・お寺オリジナルの御朱印帳コレクション1

有名寺社オリジナルでスタートするのが一般的

参拝客の多い有名なお寺や神社に行けば、その寺社オリジナルの御朱印帳がある。旅行に行った際に有名寺社の御朱印帳を一冊購入し、最初のページにその寺社の御朱印をいただく、というのが御朱印スタートの定番といえるだろう。お願いすれば、表紙に「御朱印帳」の文字や自分の名前を記入してくれるところもある。

右から、二見興玉神社、三井寺、日吉大社の御朱印帳

二見興玉神社《ふたみおきたまじんじゃ》（三重県）

伊勢神宮に参拝する前に、みそぎを受ける神社として古来より有名。御朱印帳の表紙は、二見浦の夫婦岩に昇る朝日がモチーフ。

三井寺《みいでら》（滋賀県）

滋賀県大津市、琵琶湖南西の大寺院。御朱印帳表紙の豪華絢爛なデザインは、天皇家にゆかりの深い寺ならでは。

日吉大社《ひよしたいしゃ》（滋賀県）

比叡山の東の麓にある日吉大社。日吉山王社、山王権現とも呼ばれ、いまも「山王さん」の名で親しまれている。表紙は鳥居。

石山寺《いしやまでら》（滋賀県）

紫式部や清少納言など、平安の文人たちに愛されたお寺。御朱印帳の表紙には境内にある多宝塔がデザインされている。

伊勢神宮《いせじんぐう》（三重県）

地名を付けず、単に「神宮」というのが正式な名称。御朱印帳は神紋である花菱紋が描かれているシンプルなもの。

室生寺《むろうじ》（奈良県）

女性の参詣が許されていたことから「女人高野」と呼ばれる室生寺。御朱印帳の表紙には国宝の五重塔が描かれている。

阿蘇神社《あそじんじゃ》（熊本県）

肥後国一の宮である阿蘇神社。御朱印帳の表紙は、日本三大楼門の一つに数えられる、仏閣様式で建てられた楼門。

神社・お寺オリジナルの御朱印帳コレクション2

平安神宮《へいあんじんぐう》（京都府）

桓武天皇を祀る平安神宮。毎年10月には時代祭が行われる。御朱印帳は玄武、青龍、朱雀、白虎の四神をデザインしたもの。

多賀大社《たがたいしゃ》（滋賀県）

古くから「お多賀さん」の名で親しまれる、滋賀県第一の大社。御朱印帳表紙には太閤橋と御神門が描かれている。

めぐり巡礼をするのなら専用の御朱印を用意しよう

西国三十三カ所観音霊場や四国八十八カ所霊場などのめぐり巡礼の場合には、専用の御朱印帳がある。巡礼に挑戦するのなら、ぜひ一冊用意しておきたい。また、専用の掛け軸やおいづると呼ばれる白装束に御朱印を集める場合もある。これは霊場ごとに指定の箇所があり、そこに御朱印を集めていくことになる。全国一の宮専用の御朱印などもあるので、目的に合わせて用意したい。

特別な御朱印帳

金剛峯寺《こんごうぶじ》（和歌山県）

弘法大師空海が開いた真言宗の総本山。高野山の杉の木でつくられた御朱印帳がある。題字は空海が書いた文字を集めたもの。

全国一の宮御朱印帳

全国一の宮会に所属する神社では、専用の御朱印帳が頒布されている。一の宮は数が多いので、あせらずチャレンジを。

西国三十三霊場納経帖

西国三十三所専用の御朱印帳。巡拝用品を中心に扱っている専門店があり、インターネットなどでも買うことができる。

市販されている御朱印帳

大型文具店などに行けば、一般的な御朱印帳はすぐに手に入る。表紙などを自分でデザインするのも楽しい。（鳩居堂）

ご利益を期待するものではないが、祖末にならないよう大切に保管しよう

御朱印帳の数が増えたら、
きれいに整理して大切に保管したい

専用の箱や引き出しの中に大切に保管しておこう

集めた御朱印はどのように保管、活用するのがよいだろうか。

御朱印は祈祷されたお守りやお札とは違い、あくまで参拝したあかしとしていただけるもの。だから、何らかのご利益を期待して仏壇や神棚にあげてお参りする、という性質のものではない。とはいっても、御朱印は唯一無二のもの。「とてもありがたいもの」という位置づけは変わるものではない。したがって、保管は専用の箱や机の引き出しなど、粗末な扱いにならない場所にきちんとしまっておくようにしよう。

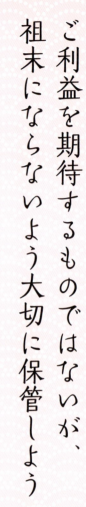

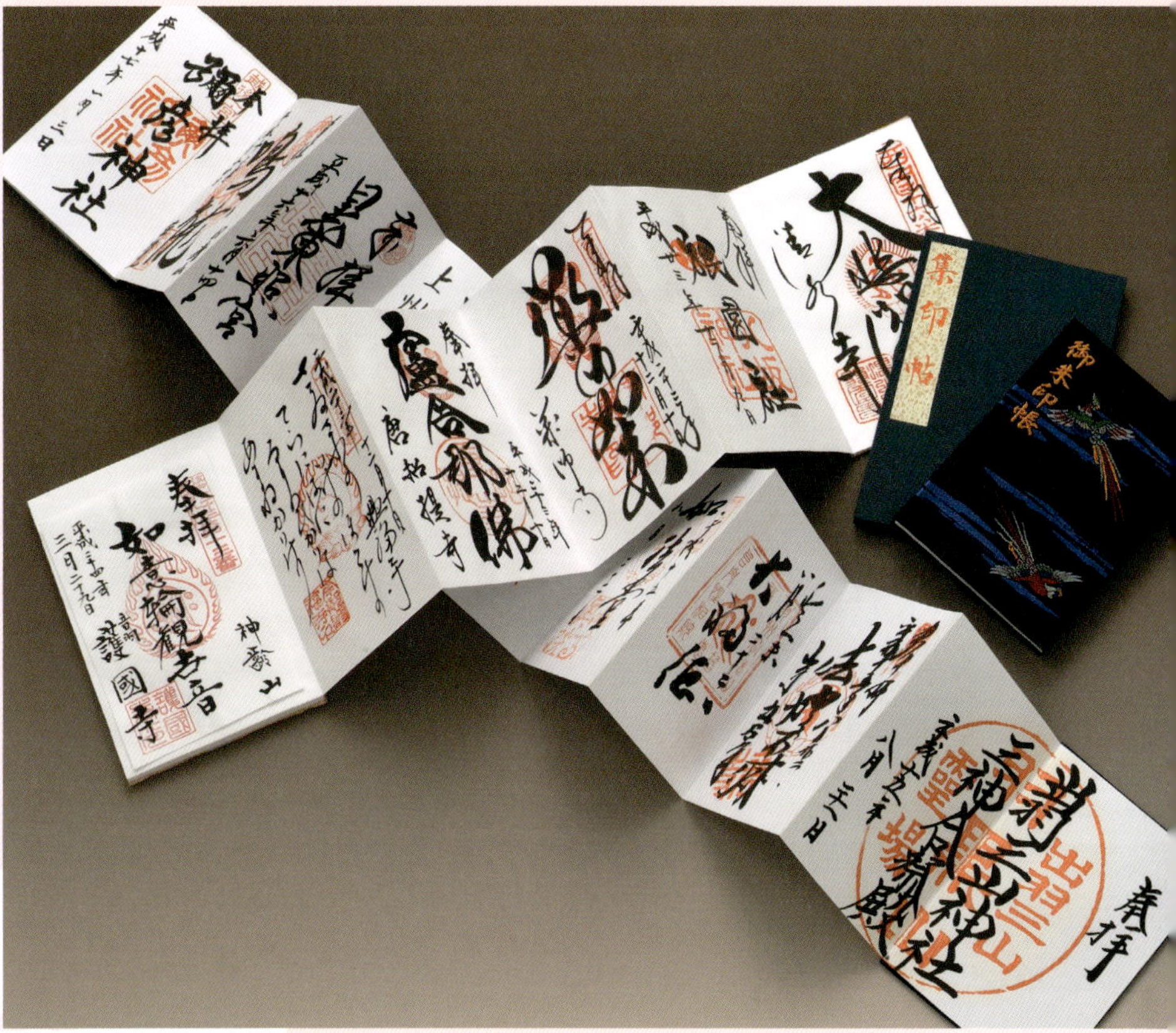

御朱印の使い道は自由。広げて、
アートとして部屋を飾ってもいい

使い道はあなたの自由。大切な人に贈るのもいい

御朱印は自分で集めたものなのだから、その使い道は自由でいい。

たとえば、旅先で撮った写真などと一緒に保管しておけば、楽しかった旅の思い出がいつでも鮮明によみがえるだろう。また、長く病に伏している人に贈り、御朱印をいただいたときの話を聞かせてあげるというのもいいかもしれない。あるいはまた、大切な人が亡くなったとき、御朱印帳をそっと棺の中に入れて送るという人もいる。

自由にいろいろな使い道が考えられることが、お札やお守りとの違いなのかもしれない。

COLUMN

御朱印をいただくときに気をつけたいマナー5カ条

御朱印だけに夢中にならず気持ちにゆとりを持つこと

御朱印収集がブームになると、中にはマナーの悪い人も出てくる。マナーを守り、気持ちのいいコレクターになりたいものだ。

❶参拝が主体ということを忘れずに

境内まで車を乗りつけ、参拝もせずに御朱印だけいただいて帰るという人もいるという。これでは本末転倒、言語道断。ゆったりした気持ちで山門や鳥居をくぐり、きちんと参拝して御朱印をいただこう。

❷書いてもらう間は静かに待つ

書いている相手の方に、途中で話しかけたりしては集中できない。また、こちらでおしゃべりしながらというのも失礼だ。いただいた後に、「これは何と読むのですか?」などと質問するのはOK。

❸寺社の歴史や説明文を読もう

境内の立て札などに書かれている寺社の説明やパンフレットなどをきちんと読むようにしよう。その寺社への興味と愛着がわいてくる。

❹御朱印を出さない寺社もある

住職(神主)とその家族だけで管理しているような小さな寺社では、御朱印を出していないところも多い。決して無理にお願いしないこと。

❺事前に小銭を用意しよう

御朱印代は300円前後が一般的。そこに1万円札や5千円札を出すのはちょっと失礼というもの。なかには「志納」というところもあるのだから、小銭は常に用意しておきたい。

第2章

御朱印の集め方・楽しみ方

御朱印はどのようにいただけばいいのか。
そして、どのように楽しめばいいのだろうか。
この章では、お寺、神社それぞれの参拝の仕方と、御朱印のいただき方をまとめた。
具体的な楽しみ方の提案も参考にしてほしい。

納経所や御朱印受付などの窓口に自分の御朱印帳を差し出すだけ

ご本尊にお参りする

御朱印はあくまで「参拝したあかし」。必ず参拝してから御朱印をいただくことは、御朱印集めの最低限のルールといえる。

心静かにお参りすることで、御朱印のありがたみも増す。この時間を大切に

御朱印をいただく

納経所や御朱印受付などの窓口に、自分の御朱印帳を差し出してお願いすればOK。目の前で巧みな筆さばきを堪能しよう。

どんな御朱印がいただけるのか、待つ時間も楽しみのうち

きちんとお参りしてから御朱印を差し出せばOK

御朱印のいただき方は、難しいものではない。

京都や奈良などの有名寺院には、境内に必ず「納経所」あるいは「御朱印受付」などと書いてある窓口がある。それらしき窓口が見当たらなければ、お札やお守りを授与しているところで聞いてみるといいだろう。

観光化されていない寺院では、住職さんに直接たずねてみるといい。本堂で書いてくれることも少なくない。

いただき方の手順としては、基本的

墨書
1 奉拝
2 神齢山
3 如意輪観世音
4 日付（平成二十四年三月二十九日）
5 護国寺

朱印
6 江戸三十三観音札所第十三番
7 （梵字）
8 護国寺印

都内でも有数の大伽藍を有する護国寺。弘法大師（空海）の教えを継承する真言宗の寺院。こちらの本尊は御朱印にも書かれる如意輪観音。母のような愛情を感じさせる慈悲深い観音様だ。江戸三十三観音札所第13番。

には参拝を済ませてから窓口に自分の御朱印帳を差し出し、「御朱印をお願いします」と申し出るだけ。書いてほしいページを開いて差し出せば、より親切というものだ。

御朱印代は300円が多数。「志納」とする寺院もあり

混雑している場合には参拝前に御朱印帳を出し、帰りに受け取ることもできる。

書いてもらったらお礼を言って御朱印代を支払う。御朱印代はほとんどのお寺で300円。なかには500円だったり、「お気持ちをお納めください（志納）」とされているところもある。志納や何も書かれていない場合でも、300円程度支払えば失礼にはならないだろう。

なお、浄土真宗のお寺では御朱印を出していないところもある。

お寺参拝のマナー

お寺は神聖なる祈りの場。心静かに仏様と向き合おう

山門では一礼するのがマナー

お寺の境内に入る時には、お寺の正面玄関ともいえる山門から入ろう。そして、通る前に一礼するのがマナーだ。

護国寺には阿形・吽形の金剛力士像（仁王像）が安置されている仁王門がある

護国寺には、仁王門と本堂の間に中門（不老門）がある。ここでも一礼

本堂だけでなく境内のすべてにお参り

本堂にいたるまでにある他のお堂や仏像にも、お参りする気持ちが大切。立ち止まって一礼するだけでもいいだろう。

参拝に特別な作法なし 心を込めてお参りしよう

お寺は仏教徒の祈りの場であり、さまざまな仏教儀式が行われる場であり、修行の場でもある。神聖な場所なのだから、むやみに走ったり騒いだりするのは厳禁だ。

お寺を参拝する方法にこれといった作法はない。

一般的には、まず山門の前で礼、もしくは合掌してから境内に入り、手水舎で手を洗い、口をすすいで心身を清める。

本堂に進み脱帽し、まず深く一礼。

手と口をすすぎ心身を清めよう

境内に手水舎があれば、必ず手を洗い、口をすすいでからお参りするようにしよう。心身の清浄は大切なマナーの一つ。

本堂に入れるなら中でお参りを

本堂に入れるようであれば、中に入って直接ご本尊をお参りしよう。本尊のお顔をじっくり眺め、仏像の美しさにも触れよう。

静かに手を合わせよう

お賽銭を入れ、静かに手を合わせる。お寺では手は叩かない。仏様の前で心静かに向き合い、パワーをいただこう。

山門を出たところでも一礼を

帰り際、山門を出たところでも振り返って一礼を忘れずに。

賽銭を上げ、静かに手を合わせて仏様と向き合おう。本堂に入れるなら、中に入ってお参りしよう。

お参りを終え、退く前にもう一度礼をする。最後に山門を出たところで、もう一度振り返って礼をする。

堅苦しく考える必要はないが、だいたいの手順を覚え、心静かに参拝するのが最大のマナーといえる。

護国寺《ごこくじ》（東京都）

天和元年（1681）、五代将軍徳川綱吉が創建。大隈重信ら、著名人の墓所としても有名だ。滋賀の三井寺から移築された月光殿など、文化財も多数。毎月18日は秘仏が開帳される。

神社の御朱印もいただき方は同じ。心静かに参拝した後、御朱印所に行こう

社務所やお札の授与所での受け付けが一般的だ

神社で御朱印をいただく方法も、お寺でいただくときとさほど変わるものではない。

基本はやはり参拝を終えてからいただくということ。御朱印はあくまで〝参拝したあかし〟であることを忘れてはならない。

心を落ち着けて参拝を終えたら、御朱印所を探そう。有名神社であれば、ほぼ必ずこのような窓口があるはずだ。見当たらないときは、お札やお守りの授与所や社務所でたずねてみるといい

お札の授与所が窓口であることが多い

神社では、お札やお守りの授与所、もしくは社務所で御朱印を扱っていることが多い。分からなければ巫女さんに聞いてみるといいだろう。

御朱印をいただく

マナーはお寺のときと同じ。神社の方が書いている間は、話しかけたり一方的におしゃべりしたりせず、静かに待つこと。

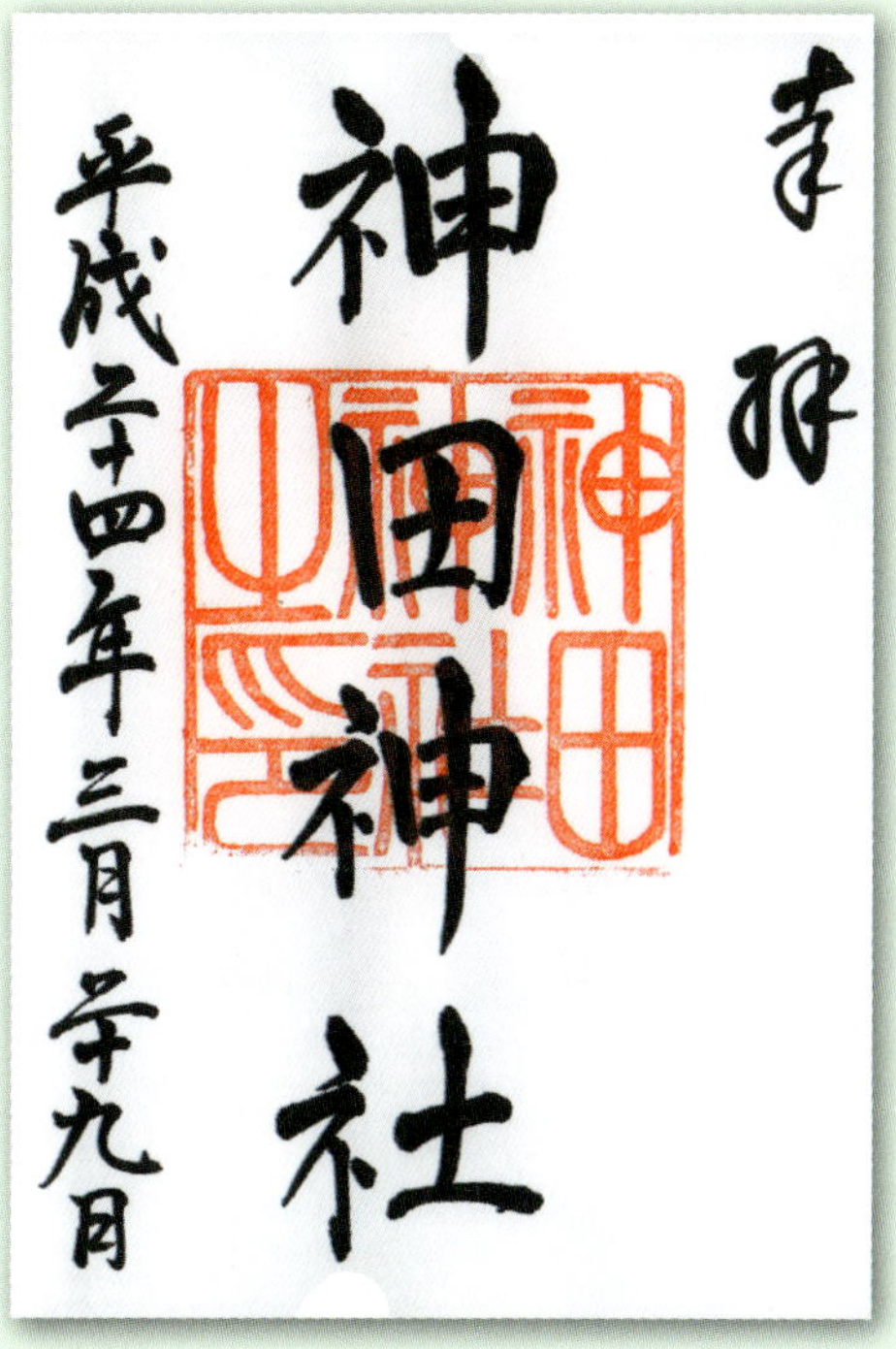

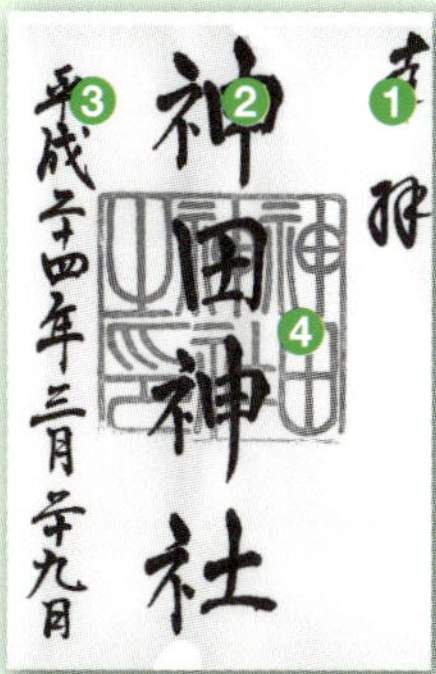

墨書
❶奉拝
❷神田神社
❸日付
（平成二十四年三月二十九日）
朱印
❹神田神社之印

神田明神の名で親しまれている神田神社は、江戸東京で最も歴史のある神社の一つ。江戸総鎮守として親しまれている。御朱印は中央に「神田神社」と書かれるシンプルなもの。すがすがしさを感じさせる書体だ。

だろう。

受け付けてもらえるようなら、あとは寺院の場合と同じ。自分の御朱印帳を差し出してお願いすればいい。御朱印代も寺院の場合と同じく３００円が一般的だ。

お寺の場合も同様だが、御朱印を出していない神社や御朱印を書く人が不在の場合もある。御朱印はあくまで寺社側の好意と受け止め、無理にお願いすることはつつしもう。

神田明神の社殿は昭和９年に建てられた権現造り。東京大空襲にも絶えた建物だ

二拝二拍手一拝が神社参拝の基本形
伝統の作法に心を込めてお参りしよう

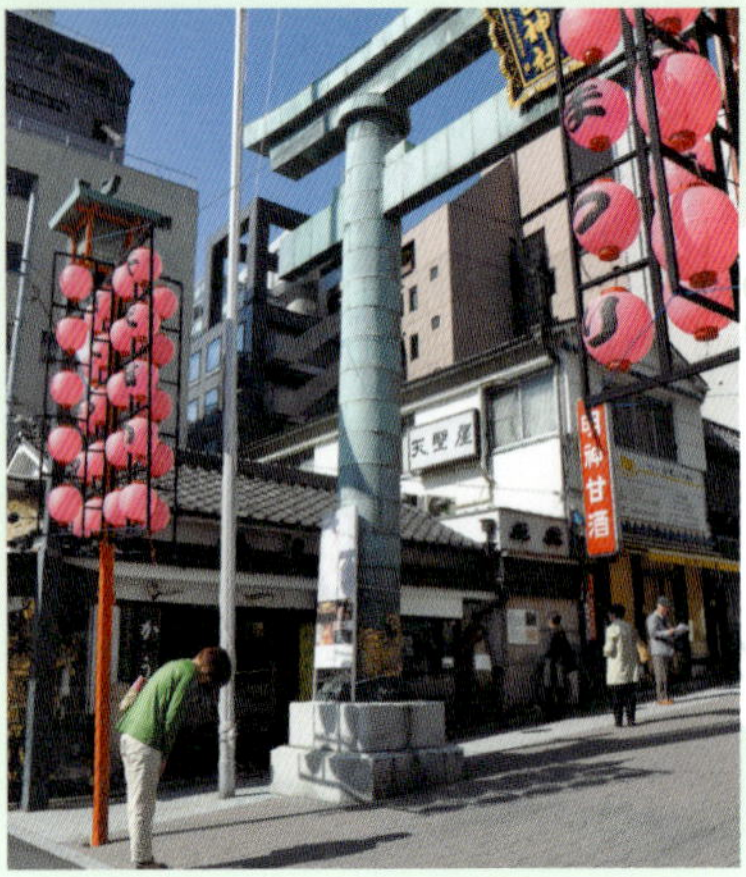

鳥居の前で一礼してから境内に

神社の正門である鳥居をくぐるときには、軽く一礼してから。なお、参道の真ん中は神様が通る道。少し端を歩こう。

気持ちがこもっていれば作法にこだわりなし

神社への参拝の手順は、おおむね以下の通り。

鳥居の前で一礼してからくぐり、手水舎で手を洗い、口をすすごう。神の前に出るため心身を清める手水は、参拝の前の作法としてとても大切なこととされている。

拝殿に進んで、鈴を鳴らす。二回深くおじぎをし、その後二回拍手を打つ。そして合掌。最後にもう一回深くおじぎをする。これが神社参拝の基本とされる「二拝二拍手一拝」だ。賽銭は、どのタイミングで入れてもいい。

拝は、高貴な人に礼をすること。腰を90度ほど曲げて深いおじぎをする。拍手は、感動して手をたたくこと。胸の高さで両手を合わせ、すべての指をそろえて手を柏の葉のようにする。そして右の指先を少し下げ、肩幅程度に広げて手を打つのが正しい作法だ。形式にこだわらず、心を込めて参拝することがいちばん大切なこと。しかし、古くから受け継がれてきた参拝の作法には、凛とした美しさが宿る。神社参拝の際には、ぜひとも心がけてみてほしい。

二拝二拍手一拝

❶ 賽銭を入れる
賽銭はどのタイミングでもいいが、参拝の最初に入れるのが一般的。

❷ 鈴を鳴らす
社殿に鈴があるなら、参拝の前に鳴らす。

❸ 二拝
背中を真っすぐにし、腰を90度ほどに折っておじぎをする。2回行う。

❹ 二拍手
胸の高さで両手を合わせ、右指先を少し下にずらし、2回手を打つ。

❺ 一拝
指先をそろえてお参りした後、最後にもう一度拝をする。

鳥居を出たところで一礼をする

帰りがけ、鳥居を出たところで振り返り、もう一度礼をする。

手水舎で手と口をすすいで心身を清めよう

手水舎で、必ず手と口をすすいで清浄しよう。お参りする前の大切な作法の一つ。忘れずに。

右手でひしゃくを持ち、左手に水をかけながら清める

次に左手でひしゃくを持ち、右手に水をかけて清める

ひしゃくを右手に持ち替え、左手のひらに水をためて口をすすぐ

ひしゃくを縦にして、柄をすすいでから元あった場所に戻す

神田明神《かんだみょうじん》（東京都）

数多くのご神徳を持つ神社として知られ、60種以上のお守り、お札がある。なかでも徳川家康が授与されたという「勝守」は、縁起のいいお守りとして人気だ。

御朱印はその場所に行った確かなあかし 旅の記録帳と一緒に保管しよう

いま使っているの御朱印はいつでも持ち出せるように

現在進行中の御朱印帳は、気に入った巾着ポーチなどに入れておくといい。好きな生地を買ってきて自作してもいいし、有名寺院や大型文具店などで販売しているもの購入してきてもいい。

こうしておけば、済んだ御朱印帳とすぐに区別ができるし、出かけるときもそのまま持って出ればいい。

御朱印は、その場所に行ったという確かなあかし。あとで旅を振り返るときのとてもいい記念品になる。決して粗末にすることなく、それでいて自分

現在進行中の御朱印帳は茶巾ポーチなどに入れて、他の御朱印と区別しておくと便利

が楽しめるような保管の仕方を考えるといいだろう。

寺社の拝観券やパンフ地図などを整理しよう

御朱印収集スタートのいちばんポピュラーなきっかけは旅行だろう。京都や奈良、鎌倉などの古都を旅するとき、気に入った御朱印帳を用意して古刹めぐりをするといい。

御朱印集めを楽しむための一つの提案として、旅の記録と一緒に保管することをおすすめしたい。

まず、旅行に出かけた際の写真、地図、拝観券、パンフレットなどを、一冊のアルバムやノートにまとめた「旅の記録帳」をつくる。その記録帳と御朱印帳とを一緒にして、きれいな箱の中や机の引き出しなどに保管しておくのだ。

自分で撮影した写真に加え、拝観券やパンフと一緒に御朱印も保管しておこう。それをいただいたときの感動がよみがえるはずだ

自分なりの目的を持って ジャンルを絞って集めてみよう

縁結びや受験など 特定の目的を持って集める

御朱印は何らかのご利益を求めて集めるものではない。しかし、自分なりの願いをかなえるために御朱印を集めてみるのも面白い。

たとえば良縁を求めるなら、出雲大社（島根県）や地主神社（京都府）をはじめ、全国各地に点在する縁結びの神様の御朱印を重点的に集めてみるのがいいだろう。

あるいは身内に受験生がいたり、自分が資格取得を目指しているのなら、太宰府天満宮（福岡県）や亀戸天神社

縁結びの神様

縁結びの神様は全国に数多くある。縁結びとは、ただ単に男女の縁を結ぶのではなく、仕事や友達などの人間関係をきずく意味もあるようだ。

東京大神宮《とうきょうだいじんぐう》（東京都）

日本で最初に神前結婚式を行ったのが東京大神宮。縁結びや恋愛成就のお守りが豊富にあり、人気。御朱印も良縁を呼びそうだ。

出雲大社《いずもたいしゃ》（島根県）

日本を代表する〝縁結びの神様〟の筆頭。あらゆる良縁に効果をもたらす。

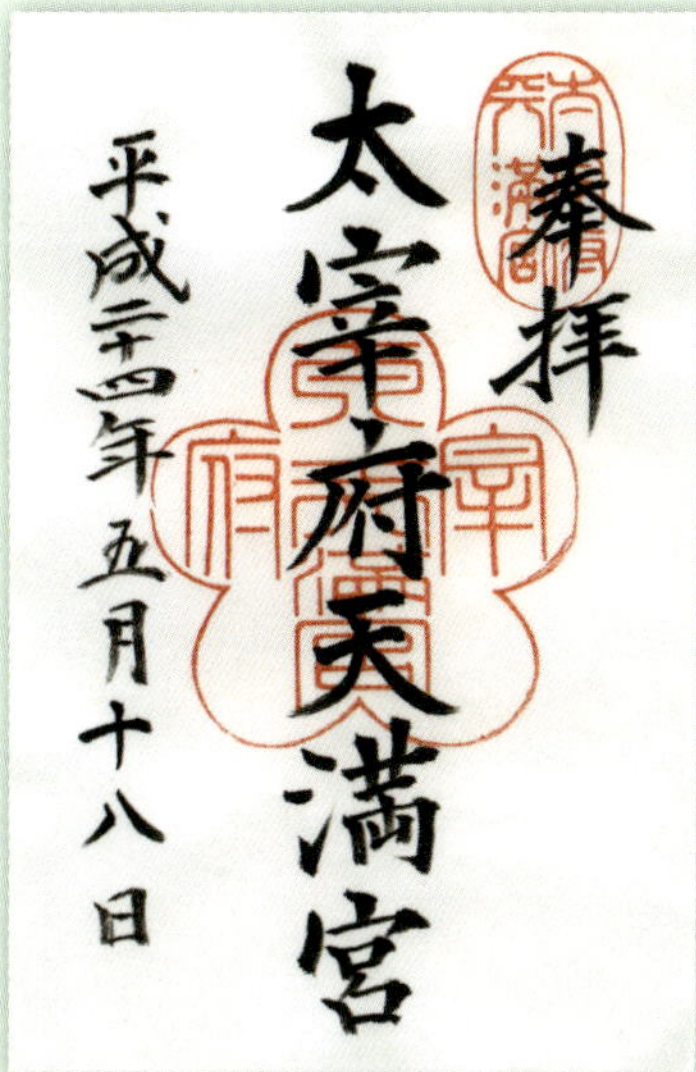

太宰府天満宮《だざいふてんまんぐう》（福岡県）

天神様（菅原道真）を祀る全国約1万2000社の総本宮。学問・至誠・厄除けの神様として信仰を集めている。

亀戸天神社《かめいどてんじんしゃ》
（東京都）

「亀戸天満宮」などと呼ばれ、親しまれている。約350年前の神社創建当時から植えられてきたという藤の花が有名。

湯島天満宮《ゆしまてんまんぐう》
（東京都）

江戸・東京を代表する天満宮。一年中、受験生の参拝で賑わっている。

学問の神様

平安時代の学者・菅原道真を祀る神社。菅原道真は死後、天神様として信仰され、後に学問の神様となった。

（東京都）、湯島天神（東京都）など、全国の学問の神様ばかりを一冊の御朱印帳に集めてみる。すばらしい受験のお守りになるはずだ。

特定の御朱印を集めれば旅の目的も明確になる

ほかにも健康の神様や勝負ごとの神様、歴史上の人物を祀る神社など、特色のある神社やお寺はたくさんある。

自分なりの願をかけたり、ジャンルにこだわって集めてみるのも、御朱印集めの楽しみ方の一つ。目的を持って御朱印を集めれば、おのずと訪ねるべき寺社は限られてくる。漠然としていた旅の目的が、より明確になるはずだ。旅の思い出の一つというのでなく、御朱印集めがメインテーマとなる旅を計画してみてはいかがだろうか。

のちの分類・整理を考えるなら お寺と神社の御朱印は別々に集める

寺社分離で整理したり エリア別にするのもいい

御朱印帳は一冊あれば十分。片面、あるいは両面がいっぱいになったら新しい御朱印帳を用意すればいい。

多くの人はそのようにしているはずだが、それでは一冊の御朱印帳の中にお寺のものと神社のものが混在することになる。もちろん、それでも何の問題もないが、御朱印の数が増えてくると、後で目的の御朱印を探すことが難しくなる。

いちばん簡単な分類方法はお寺と神社を分けて、別々の御朱印帳に整理し

神社用の御朱印帳

神社の御朱印だけを集めるのなら、有名神社オリジナルの御朱印帳を使うのがいいだろう。気に入ったデザインのものなら、御朱印集めもより一層楽しいものになる。右から、阿蘇神社、平安神宮、多賀大社。

多賀大社（滋賀県）

お寺用の御朱印帳

お寺の御朱印は、やはり有名寺院オリジナルの御朱印帳に集めたい。お寺の山門や五重塔などが描かれたものが多い。常に持ち歩きたくなるデザインのものを選ぼう。右から、道成寺、室生寺、石山寺。

室生寺（奈良県）

エリア別の御朱印帳

特別なエリア用の御朱印帳というのはないが、その地を代表するようなお寺や神社のオリジナル御朱印帳を使うのがいいだろう。鎌倉なら鶴岡八幡宮（左）や極楽寺などだ。

極楽寺（神奈川県）

ていくことだ。

また、エリアごとに御朱印帳を分けるのものちのち便利だ。京都版、奈良版、鎌倉版など、そのエリア専用の御朱印帳をつくっておけば、旅行に行く時も、あとで見直すときも分かりやすい。

御朱印帳は長く手元に残るものだ。あとで見やすいように、早い段階から自分なりの分類・整理しておくことをおすすめする。

御朱印に書かれているくずし字をすらすらと読めればさらに楽しい

仏の教えを和歌にして唱えるご詠歌
優雅な文字で御朱印に書かれる

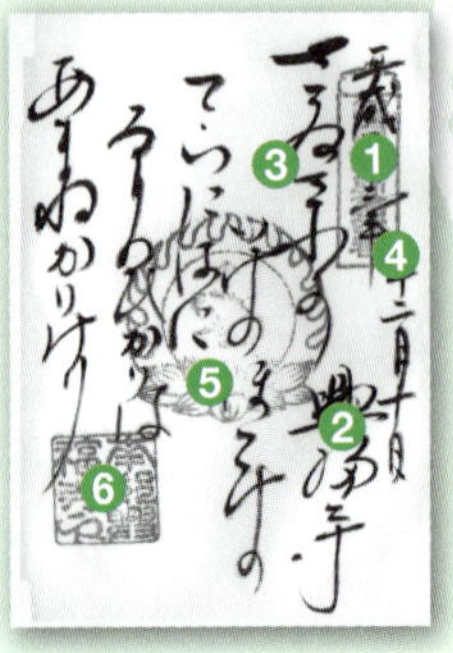

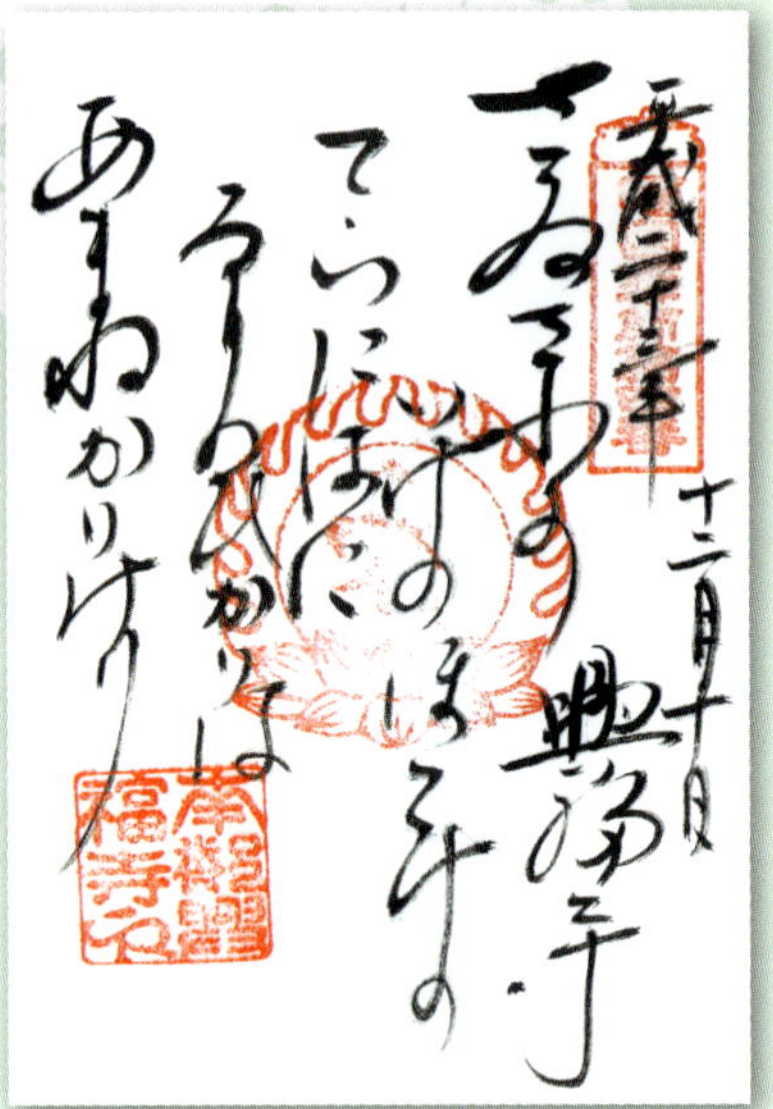

墨書
❶日付（平成二十三年十二月十日）
❷興福寺
❸さるさわの　いけのほとりの　てらにはに　るりのひかりは　あまねかりけり
朱印
❹❺西国薬師第四番（梵字）
❻南都興福寺印

興福寺《こうふくじ》（奈良県）

数多くある興福寺の御朱印の一つで、東金堂のものにはご詠歌がある。ご詠歌とは仏の教えを和歌にして唱えるものだ。和歌ならではの優雅な筆さばきが見事。

御朱印には日本古来の毛筆文化が生きている

現代は日常のほとんどの文章がパソコンやワープロで書かれ、他人の手書きの文字を見る機会がとても少なくなっている。年賀状の宛名ですらパソコンの文字が多くなっている。

そのような時代にあって、毛筆で墨書される御朱印は、日本の伝統的な書道文化が生きる数少ない場だ。

御朱印を見ると、流れるような筆づかいで、アーティスティックに文字が書かれているものが多い。ふだん筆文字に接していない人なら、何と読んで

墨書
❶奉拝
❷金龍山
❸（梵字）聖観世音
❹日付
（平成十六年二月十一日）

朱印
❺坂東十三番
❻観世音
❼浅草寺印

ダイナミックで
迫力満点の筆さばきがいい

浅草寺《せんそうじ》（東京都）

雷門で有名な浅草寺の本尊は観音菩薩。特に浅草寺の観音さまは、ご利益・ご霊験が古今無双とされている。御朱印中央にも、聖観世音と書かれる。

いいのか分からない場合も少なくないだろう。

御朱印の文字の読解から古文書研究するのも面白い

そこで、御朱印集めをきっかけに、古くから伝わるくずし字を読み解き、味わってみてはどうだろうか。

書店に行けばくずし字の入門書やくずし字字典などがそろっているし、インターネットでもくずし字を検索できるサイトがある。いろいろな寺社でいただいた御朱印をすらすらと読めるようになれば楽しさは倍増するし、古文書なども読み解けるようになるかもしれない。

御朱印が日本史研究にのめりこむきっかけとなるかもしれない。

また、毛筆の練習を始めて、書道を趣味にするのもいい。最近は写経する人も増えているのだ。

秘仏の公開日などにだけいただける特別な御朱印を手に入れたい

仁和寺《にんなじ》（京都府）

真言宗御室派の総本山。皇室にゆかりのある門跡寺院として格式の高いお寺だ。「御室御所」とも呼ばれ、内裏の建物を移築した寺内は御所の雰囲気もただよう。

通常は上のような「旧御室御所」と書かれる御朱印だが、毎月8日には右のような「薬師如来」の御朱印がいただける。中央の朱印も薬師如来を表す梵字のものになる

二王門

仏様の縁日にいただける特別な御朱印もある

いつでも書いてもらえる一般的な御朱印とは違い、特別な日に限っていただける御朱印もある。

たとえば仁和寺（京都府）では、通常は阿弥陀如来、旧御室御所などの御朱印だが、毎月8日に限って薬師如来の御朱印をいただける。これは8日が同寺の秘仏であり、国宝である薬師如来の縁日であることに由来する。8日に参拝し「薬師如来の御朱印を」とお願いすればOK。御朱印代も通常のものと変わらない。

東寺《とうじ》（京都府）

正しくは教王護国寺といい、東寺真言宗の総本山。御朱印は9種もあり、窓口で希望を言えば書いていただける。何度も参拝し、すべてをそろえたい。

食堂（じきどう）

特別な日だけいただける御朱印

寺院名	地域	いただける日	いただける御朱印
興福寺	奈良県	春・秋の北円堂公開日（要確認）	北円堂の御朱印
薬師寺	奈良県	国宝・吉祥天画像公開日（毎年1月1日～15日）	吉祥天の御朱印
		玄奘三蔵院公開日（要確認）	玄奘三蔵の御朱印
円覚寺	神奈川県（鎌倉）	宝物風入の期間（毎年11月）	舎利瞻禮の御朱印
六道珍皇寺	京都府	六道まいり（毎年8月7日～10日）	紺紙金泥の御朱印
八坂神社	京都府	祇園まつり期間（毎年7月）	祇園御霊会の御朱印

ほかにも表で紹介したような限定御朱印があるので、タイミングが合えばぜひとも手に入れたい。

複数の御朱印をいただけるお寺もたくさんある

京都や奈良の有名寺院では、数種の御朱印がある例も珍しくない。たとえば東寺（京都府）には、弘法大師、大日如来、薬師如来、不動明王、愛染明王など、9種もある。

奈良の薬師寺や興福寺などにも数種の御朱印が用意されている。いずれも受付窓口に見本が出ていたりするので、その場で希望を言えばいい。また、一度に数種を書いてもらうこともできるが、その場合は一枚ごとに御朱印代が必要だ。

一度に何枚も御朱印をいただくより、何度も訪れて、そのつど違う御朱印いただくことをおすすめする。

御朱印ビギナーにおすすめ！家の近くの七福神をめぐってみよう

狭いエリアの7カ所を回って達成感にひたろう

恵比寿、大黒天、布袋尊、毘沙門天、弁財天、福禄寿、寿老人で構成される七福神。この七福神をお参りするために7つの寺社をめぐる七福神めぐりは、全国各地に数百カ所あるといわれている。代表的なものでは、七福神まいりの発祥といわれる京都の都七福神、江戸でもっとも古い歴史を持つ谷中七福神、鶴岡八幡宮をめぐる鎌倉・江の島七福神などがある。

七福神めぐりは、オリジナルの台紙を用意してあるところもあり、その台

都七福神

日本最古と言われる京都の七福神めぐり。2泊3日の観光旅行でもめぐることができる。各寺社で専用の御軸や色紙、御宝印帖が用意されているので、それを購入してめぐるのがいいだろう。事務局は六波羅蜜寺。

六波羅蜜寺（弁財天／写真上）と京都ゑびす神社（恵比寿）

谷中七福神

およそ250年前に始まったとされる、東京の下町をめぐる七福神めぐり。他の七福神には神社もあるが、谷中七福神はお寺だけで構成されている。約5.5キロで、ほぼ2時間でめぐることができる。

護国院（大黒天／写真上）と弁天堂（弁財天）

代表的な七福神めぐり

七福神名	地域	寺社名	特徴
都七福神	京都府	京都ゑびす神社（恵比寿）、妙円寺（大黒天）、東寺（毘沙門天）、六波羅蜜寺（弁財天）、赤山禅院（福禄寿）、行願寺（寿老人）、萬福寺（布袋尊）	日本最古の七福神めぐりとされ、洛北から宇治までの人気寺社で編成。
谷中七福神	東京都	弁天堂（弁財天）、護国院（大黒天）、長安寺（寿老人）、天王寺（毘沙門天）、修性院（布袋尊）、青雲寺（恵比寿）、東覚寺（福禄寿）	江戸最古の七福神めぐりで、台東区、北区、荒川区の寺社で編成。
鎌倉江の島七福神	神奈川県（鎌倉）	浄智寺（布袋尊）、鶴岡八幡宮（弁財天）、宝戒寺（毘沙門天）、妙隆寺（寿老人）、本覚寺（夷尊神）、長谷寺（大黒天）、御霊神社（福禄寿）、江島神社（弁財天）	北鎌倉から江ノ島まで、江ノ電に乗ってめぐる気持ちのいいルート。

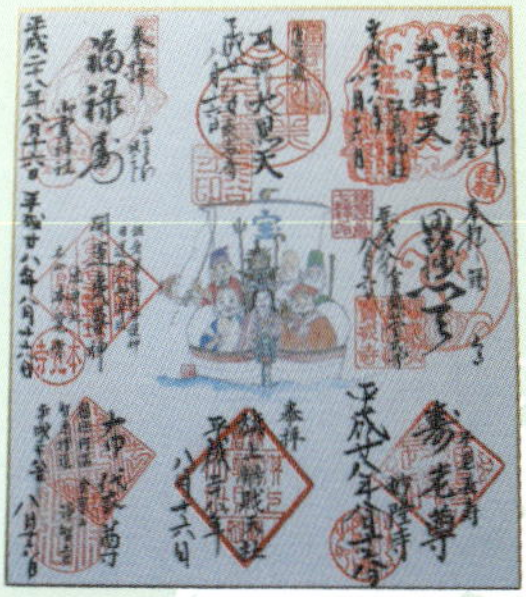

鎌倉・江の島七福神

弁財天が2つあり、正確には八福神。全長9キロほどなので、電車と徒歩で約3時間ほどでめぐることができるコースだ（写真は七福神の色紙）。

紙に御朱印を集めることができる。もちろん、自分の御朱印帳を使ってもかまなわない。

狭いエリアの寺社を散歩気分でめぐることができ、それなりの達成感も味わえる七福神めぐりは、御朱印ビギナーに最適。まずは自分の住んでいる場所の近くの七福神を調べてみるのがいいだろう。

たずねる神社は全国に100社超！最大難度の御朱印収集の旅にチャレンジ

寒川神社《さむかわじんじゃ》（神奈川県）

相模国一の宮。源頼朝や武田信玄なども信仰。関八州の裏鬼門に位置し、地相、家相、方位などからくるすべての悪事災難をはらい除く「八方除」の守護神として信仰されている。

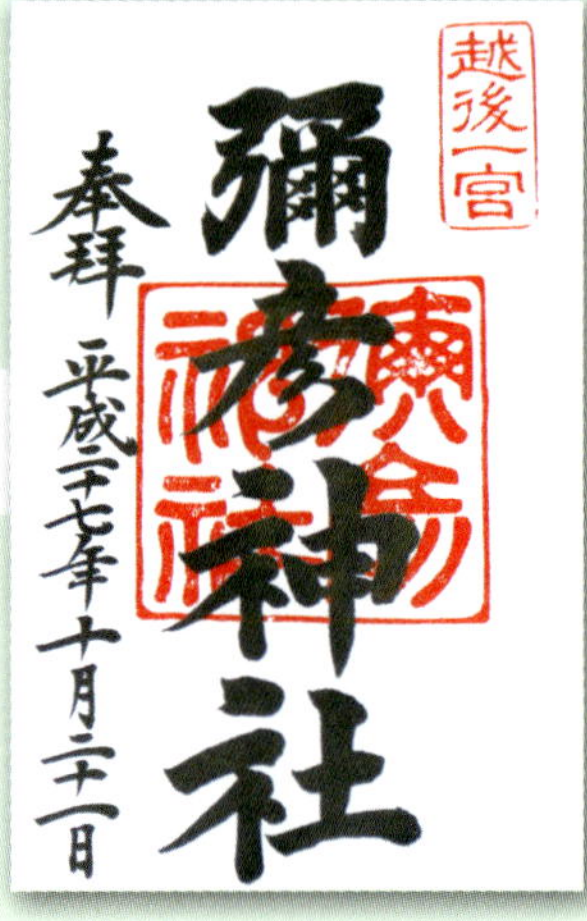

彌彦神社《いやひこじんじゃ》（新潟県）

越後国一の宮。弥彦山の麓にあり、古くから「おやひこさま」と呼ばれ、親しまれている。境内はうっ蒼たる樹林に覆われ、神々しい雰囲気。高さ30メートルの大鳥居もある。

全国をくまなく旅する時間とお金が必要

一の宮とは、現在の都道府県が整備される以前の旧国68カ国に、原則として一国に一社ずつある。その地域でもっとも社格が高いとされる神社で、それに二の宮、三の宮が続く。

この一の宮が形づくられたのは平安〜鎌倉時代とされるが、時代の変遷の中で複数の神社が一の宮の地位を争ったり、別の神社と入れ替わったりするなどして、必ずしも一国一社とはなっていない。

この全国一の宮の御朱印を集めるのは、

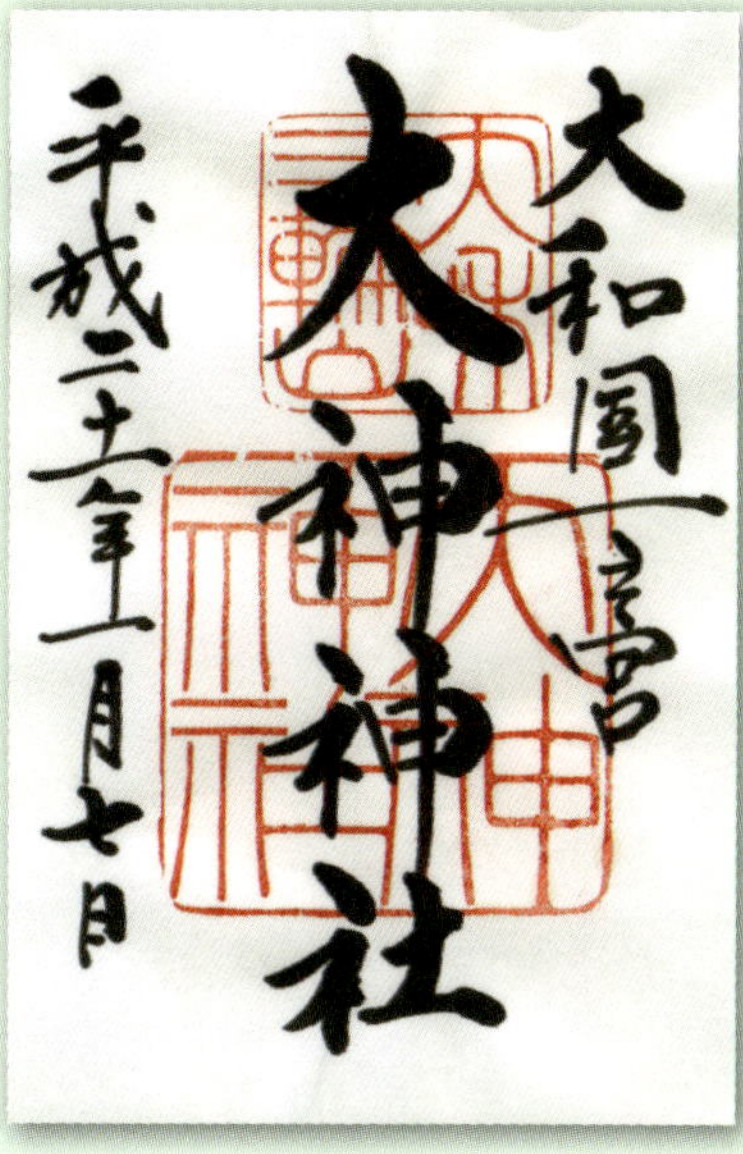

大神神社《おおみわじんじゃ》（奈良県）

奈良県櫻井市にある大和国一の宮。円錐形の美しい山、三輪山を御神体として、大物主神をまつる。日本国内で最も古い神社のうちの一つとされている。

厳島神社《いつくしまじんじゃ》（広島県）

広島県廿日市市の厳島（宮島）にある安芸国一の宮。日本全国に約500社ある厳島神社の総本社とされる。平家納経でも有名。ユネスコの世界文化遺産に登録されている。

全国一の宮御朱印帳

「全国一の宮会」が出している専用の御朱印帳。一の宮神社の社務所や一の宮会事務局で取り扱っている。

実に壮大な巡拝の旅だ。北から南までの広範なエリアで、しかも離島の神社もあるので、それだけにやり遂げた時の達成感は大きい。御朱印収集の中でも、もっとも難易度の高い目標となりそうだ。

現在、すべてが加盟しているわけではないが、過去に一の宮とされたことのある神社が「全国一の宮会」を結成。沖縄、北海道、東北などにも新一の宮が設定されている。この「全国一の宮会」専用の御朱印帳も用意されているので、チャレンジしてみてはいかがだろうか。

5カ所の陵墓監区事務所で歴代天皇の御陵印がすべてそろう

京都市伏見区にある伏見桃山陵は、122代となる明治天皇が眠る御陵。敷地は豊臣秀吉が築いた伏見城の本丸跡地で、同じ敷地内には桃山陵墓監区事務所もある

124代の歴代天皇の96個の御陵印がある

お寺や神社でいただける御朱印とは少し性格が異なるが、歴代天皇が眠る御陵にはそれぞれ独自の御朱印があり、無料でいただくことができる。

これは「御陵印」と呼ばれるもので、大正～昭和初期にはコレクションする人も大勢いたようだ。最近、再び注目を集めている。

この御陵印は宮内庁書陵部が管理するもので、全国に点在する天皇陵を5つの監区に分けた陵墓監区事務所が保管している。歴代天皇は昭和天皇まで

天武天皇と持統天皇の合葬陵の印。「天武天皇持統天皇檜隈大内陵」と彫られている。畝傍陵墓監区事務所にある

「昭和天皇武蔵野陵」の御陵印。多摩陵墓監区事務所にある

「大正天皇多摩陵貞明皇后多摩東陵」の御陵印。多摩陵墓監区事務所にある

「明治天皇伏見桃山陵」の御朱印。桃山陵墓監区事務所にある

陵墓監区事務所一覧

事務所名	所在地	保管する御陵印
桃山陵墓監区事務所	京都市伏見区桃山町古城山	明治天皇陵など、29印
月輪陵墓監区事務所	京都市東山区泉湧寺山内町34-2	孝明天皇陵など、18印
畝傍陵墓監区事務所	奈良県橿原市大久保町71-1	神武天皇陵など、30印
古市陵墓監区事務所	大阪府羽曳野市誉田6-11-3	仁徳天皇陵など、17印
多摩陵墓監区事務所	東京都八王子市長房町1833	大正天皇陵、昭和天皇陵の2印

124代を数えるが、合葬されている御陵もあるため全部で御陵印は96。これが5カ所の陵墓監区事務所ですべてそろう。

御陵印をいただくには、陵墓監区事務所に行って「御陵印をいただきたい」と申し出るだけ。印を出してくれるので、あとは自分の御朱印帳に自分で押す。墨書はない。

常に歴史の中心だった天皇への思いを馳せて

御陵印には、寺社の御朱印とはまた違った味わいがある。本来はすべての天皇陵を参拝していただくべきだろうが、実際のところそれは至難。歴代天皇の歴史的功績などを思いながら、御陵印を収集するのも悪くはない。日本の歴史において、常に主役の座にあった天皇たちの御朱印も味わってみてはいかがだろうか。

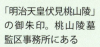

COLUMN

御朱印にある見慣れない文字を読み解こう

梵字《ぼんじ》や三宝印《さんぼういん》を知れば仏教がさらによく分かる

お寺の御朱印を見ていると、見慣れない記号のような印が押されていたり、墨書されていたりする。どう見ても日本の文字を崩した形ではないが、これはいったい何？　と疑問に思う人も多いかもしれない。

これは梵字といい、古代から中世にかけてインドや東南アジアで使われたサンスクリット語を表記するための文字だ。古代インド発祥のブラーフミ文字が源流で、その後さまざまに発達・変種。仏教とともに中国を経由して日本にも伝来し、今日の悉曇《しったん》文字（梵字）として残っている。特に空海、最澄が伝来させた密教と密接な結びつきがある。

悉曇文字は、一字で阿弥陀如来や観音菩薩などの仏様を表すことができるので、御朱印の中央などにも書かれることが多い。

お寺の卒塔婆《そとば》やお札などにも書かれているので、この文字についてよく調べてみると仏教がさらに身近になるはずだ。

また、御朱印の中央によく押されている朱印で、複雑に文字が絡み合ってなかなか読めない印がある。

これは三宝印といい、「仏法僧宝」の4文字を篆書《てんしょ》体や隷書《れいしょ》体などで刻んだものだ。仏教では、仏、法、僧の3つを三宝という。仏は悟りを開いた人のこと、つまりお釈迦様を指す。法は仏が説いた教えのこと。そして僧は仏の教えに従い、悟りを目指して修行する人たちを表している。

このように、御朱印に書かれている文字や印の意味を調べるだけでも、仏教や日本の歴史について学ぶこととなり、知識が深まるのだ。

第3章

巡礼と御朱印

西国三十三カ所や四国八十八カ所に代表されるめぐり巡礼が、人気を集めている。
古くから多くの人たちが願をかけ、ご利益を求めて訪ねてきた霊場の数々は、
御朱印収集とは切っても切れない存在だ。

巡礼とはなに？

日本人の旅のルーツともいえる霊場めぐり。全国に1000以上の巡礼ルートがある

中国やインドにもない日本独自の参拝スタイル

巡礼とは、お寺や神社などの霊場をめぐって参拝すること。複数の霊場に番号をつけ、それを順番にめぐっていくというスタイルは、同じ仏教であっても中国やインドには見られない。日本独自に進化してきた参拝スタイルといえるだろう。順番にめぐることから、古くは巡礼を「順礼」とも書いた。

巡礼の歴史は平安時代にまでさかのぼる。貴族階級の寺社詣でがもっとも初期の巡礼形態とされ、その後仏教の末法思想の流行によって、後白河上皇

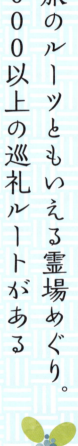

複数の霊場を順番にめぐっていく巡礼スタイルは日本独自のもの。街道や宿場の整備とともに、庶民に広まっていった

らが盛んに熊野三山などに詣でた。やがて武士にもそれは広まっていった。

坂東や西国のうつし霊場が全国各地に開かれていった

平安末期には西国三十三カ所、四国八十八カ所が成立したといわれ、その後、鎌倉時代には東国（関東）にも波及。坂東三十三カ所や秩父三十四カ所などの「うつし霊場」が開かれていく。小さなものも含めると全国に１０００カ所以上の巡礼ルートがつくられるようになった。

江戸時代には街道や宿場町が整備され、巡礼は庶民にも広まったと見られるが、実際、多くの人が自由に巡礼の旅に出るようになったのは明治期以降。巡礼は日本人の旅の主流として広まっていったのだ。

修行の旅として歩くことが基本だが、自家用車やバスツアーでの参加も多い。

巡礼では掛け軸や羽織に御朱印をいただくことも

巡礼と御朱印は切っても切れない関係にある。かつては各霊場で巡礼者が写経したものを納め、そのあかしとして御朱印が授けられたのだ。つまり御朱印集めのルーツは、巡礼にあるともいえる。

巡礼の御朱印は御朱印帳にではなく、御朱印軸という掛け軸や、おいずるという羽織にいただく人も多い。全周するとそれが御朱印でいっぱいになり、満願のあかしとなる。巡礼ならではのスタイルといえよう。

バスツアーのメリットとデメリットを見極めよう

巡礼は自らの願をかけ、ご利益を求めて歩きとおすことが基本だが、現代では自家用車やタクシーで回ったり、公共交通機関を利用して回ることが当たり前となっている。

人気の霊場めぐりでは、数多くのバスツアーも組まれている。バスツアーは長期のものから、1泊や日帰りで区切って回るものなど、さまざま。短期のツアーに何度も参加して、満願を迎える人も多い。

バスツアーは効率よく日程が組まれているが、現地の人とのふれあいや観光名所に寄り道したりはなかなかできない。その反面、同じ目的の人と知り合えたり、ガイドによる詳しい解説が受けられたりする。目的に合わせて選びたい。

日本最古の巡礼コースは古寺名刹目白押しで人気も高い

観音菩薩が変化する数にちなむ33の名刹・古刹

京都、奈良、大阪、兵庫、和歌山、滋賀、そして岐阜県にまたがる、全行程1000キロにもおよぶ日本最古の巡礼コースが西国三十三カ所観音霊場だ。33カ所は、観音菩薩が衆生を救済するとき、33の姿に変化《へんげ》するといういわれに由来している。

霊場は一般的に札所《ふだしょ》と呼ばれる。これはかつて巡礼者が、自分の氏名などを記した木製や銅製の札をお堂に打ち付けていたから。札所では参拝し、写経と納経料を納めて御朱印を授かる。

青岸渡寺《せいがんとじ》（和歌山県）

西国三十三カ所第1番札所。和歌山県那智勝浦町にある天台宗の寺院。本尊は如意輪観音。熊野信仰の霊場として長い歴史がある。御朱印は普照殿（あまねく照らすの意）と書かれる。

興福寺《こうふくじ》（奈良県）

興福寺南円堂が西国三十三カ所第9番札所。南円堂は藤原冬嗣が創建した八角堂で、本尊は不空羂索観音。通常、堂の扉は閉ざされている。御朱印中央は「南円堂」の墨字。

写経の代わりに納経札を納める巡礼者もいる。

室町から江戸時代にかけて多くの人が参るようになった

西国三十三カ所の起源としては、長谷寺を開山した徳道上人が、閻魔大王のお告げで33の観音霊場を設けることを命ぜられたとの伝説がある。それから約270年後の平安中期に、花山法皇が巡礼して再興、整備したと伝えられている。室町～江戸時代にかけて多くの人に浸透していった。

33の札所は名だたる名刹がずらりと並ぶ。第1番の青岸渡寺は那智山の名で親しまれており、熊野那智大社に隣接するお寺。第8番は真言宗豊山派総本山の長谷寺、第16番は観光名所としても名高い清水寺だ。

日本最古でありながらいまでも高い人気を誇る巡礼コースで、鉄道会社やバス会社などが企画するツアーはとても多い。個人では自家用車で回る人が多い。

清水寺《きよみずでら》（京都府）

修学旅行で賑わう清水寺も、西国三十三カ所観音霊場の第16番札所。本尊は秘仏の千手観音。本堂の内々陣に安置。御朱印には「大悲閣」と書かれ、梵字の印が押される。

弘法大師とともに旅をしながら、自分をじっくりと見つめ直す機会にする

88のお寺を「同行二人」でじっくりとお参りする旅

四国八十八カ所は、日本でもっとも有名、かつ最長の巡礼コース。

讃岐国（現在の香川県）に生まれ、四国でも修行をした弘法大師空海が、88カ所の寺院などを選び開いたといわれている。大師が入定の後、平安時代末期ごろから大師ゆかりの地を多くの人が巡礼するようになった。大師と同行して巡拝し、悟りを目指すという考え方から「同行二人」の旅といわれる。

88カ所の霊場が固定化したのは、室町末期から江戸初期にかけてと考えら

れている。

全行程約1400キロを歩いて回りきる人も多い

第1番は徳島県の霊山寺。そして阿波（徳島県）は「発心」、土佐（高知県）は「修行」、伊予（愛媛県）は「菩提」、讃岐は「涅槃」の道場とされ、巡礼しながら自分の中の仏性を成長させていく旅と考えられている。

四国八十八カ所を巡礼することを「遍路」といい、巡礼者を「お遍路さん」などと呼ぶ。また、土地の人がお遍路さんにお茶やお菓子を提供する「お接待」という風習もある。

四国を一周する全行程は約1400キロ。徒歩では40～50日はかかるが、現代でも昔ながらの白装束に身を包んで歩ききる人が多くいる。かつては病気の治癒などを求め、願いをかなえるために遍路に出る人が多かったが、現代は自分を見つめ直すため、という目的の人が多いようだ。

出釈迦寺《しゅっしゃかじ》（香川県）

真言宗御室派の寺院で、善通寺市にある。四国八十八カ所第73番。弘法大師が断崖から飛び降りたという伝説が残る我拝師山のふもとにある。御朱印は本尊・釈迦如来を表す梵字と墨字。

大窪寺《おおくぼでら》（香川県）

さぬき市にある真言宗のお寺。四国八十八カ所の第88番札所であり、「結願所《けちがんしょ》」の御朱印が押される。本尊の薬師如来とともに、空海が納めたとされる錫杖《しゃくじょう》が祀られている。

鎌倉の武士が西国を模してつくった観音霊場。関東一円にまたがる長距離コース

三代将軍源実朝のころに開創されたと伝えられる

東京、神奈川、千葉、埼玉、群馬、茨城、栃木の１都６県にまたがる坂東三十三カ所観音霊場は、西国三十三カ所を東国にうつして、鎌倉時代に開かれたもの。鎌倉幕府を開いた源頼朝のころに機運が高まり、三大将軍源実朝のときに開創されたといわれている。

西国三十三カ所が貴族階級の信仰を集めたのに対して、坂東三十三カ所は武士が中心。東国の武士が平家討伐の際に西国に行き、西国の札所を拝したことが坂東創設の後押しになったともいわれてい

長谷寺《はせでら》（神奈川県）

有名な鎌倉の長谷寺は、坂東三十三カ所の第4番札所。十一面観音は長谷寺式十一面観音像と呼ばれ、観音堂に安置されている。御朱印中央には「十一面大悲殿」と書かれる。

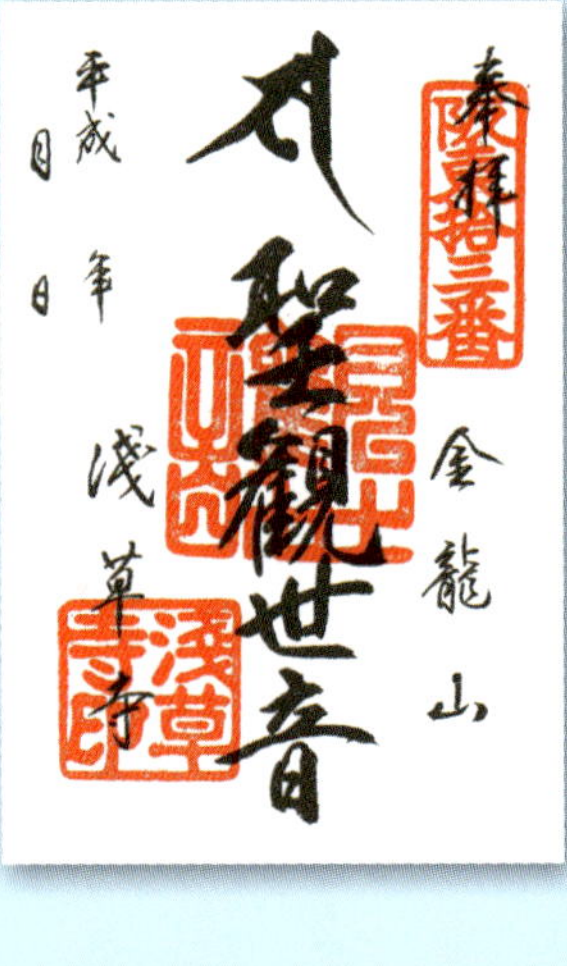

浅草寺《せんそうじ》（東京都）

外国人にも人気の浅草寺は、坂東三十三カ所第13番。浅草観音として有名な本尊・聖観音菩薩は秘仏。御朱印の中央には、観音菩薩を表す梵字と「聖観世音」の文字が書かれる。

る。全行程が1300キロにものぼる長距離に加え、山岳にあるお寺も多い。

順番どおりに参らなくても最初と最後はこだわりたい

相模、武蔵、上野、下野、安房の順路でめぐったが、江戸時代以降は必ずしも順番通りに巡礼することはせず、道路の関係で便宜的な行程が組まれたようだ。しかし、第1番の杉本寺（神奈川県鎌倉市）から始めれば「発願」の印をいただける。そして、他の札所の御朱印をすべてそろえ、最後に第33番の那古寺（千葉県館山市）をお参りすれば、「結願」の印を押していただける。

33カ寺には、鎌倉市の古刹、十一面観音で有名な長谷寺（第4番）や、東京唯一の札所、常に観光客で賑わう浅草寺（第13番）、日光の中禅寺（第18番）などがある。

関東周辺のバス会社や旅行会社が、方面別に日帰りや一泊程度の巡拝ツアーをたくさん企画しているので、気軽に参加してみるといいだろう。

大谷寺《おおやじ》（栃木県）

宇都宮市にある天台宗寺院で、坂東三十三カ所第19番札所。大谷石の壁面に彫られた本尊・千手観音菩薩立像（大谷観音）が有名。御朱印の中央の文字は「千手大悲殿」。

大御堂《おおみどう》（茨城県）

つくば市にある真言宗のお寺で、坂東三十三カ所第25番札所。本尊は千手観音。東京の護国寺の別院。御朱印中央には千手観音を表す梵字と、「大悲殿」が墨書される。

全長100キロほどの短いコース。素朴な魅力にあふれ、挑戦しやすい巡礼

西国、坂東と合わせて日本百観音霊場にも挑戦

埼玉県秩父地方をめぐる観音霊場。もともとは西国三十三カ所を模してつくられたものなので33カ寺で構成されていたが、西国三十三、坂東三十三と合わせて「日本百観音霊場」とすべく、秩父に1カ寺加えて34としたとされる。

伝説では、文暦元年（1234）花山法皇、白川法皇、熊野権現ら「十三権者」が、この地をめぐって開創したとされている。江戸から近いこともあり、江戸時代には江戸に住む庶民に人気の巡礼コースとなったようだ。

上／四萬部寺　第1番札所。8月の大施食会は多くの人で賑わう。下／水潜寺　第34番札所、結願のお寺。境内には胎内くぐりの洞窟がある

12年に一度の午年には巡礼者が大幅に増加する

西国、坂東は天台宗や真言宗の密教系寺院で占められているが、秩父は曹洞宗を中心とする禅宗系寺院で構成されている。西国が貴族、坂東が鎌倉武士の信仰を集めたのに対し、秩父は素朴な庶民の信仰に支えられてきたといえるだろう。全長100キロほどの短いコースなので、巡礼の入門編として最適だ。

各札所のご本尊の観音像は秘仏とされ厨子に納められているが、12年に一度の午年に開帳される。これを「午年総開帳」といい、この年には巡礼者が大幅に増加する。

第1番の四萬部寺《しまぶじ》から第34番の水潜寺《すいせんじ》まで、秩父地方の美しい景観も堪能できる。

結願したら、長野の善光寺に参拝することが慣例だ。

全長約100キロ。霊場を結ぶ沿道は、畑や田んぼのひろがるのどかな田園風景が多い。実に懐かしいふるさと散歩が楽しめる巡礼といえる

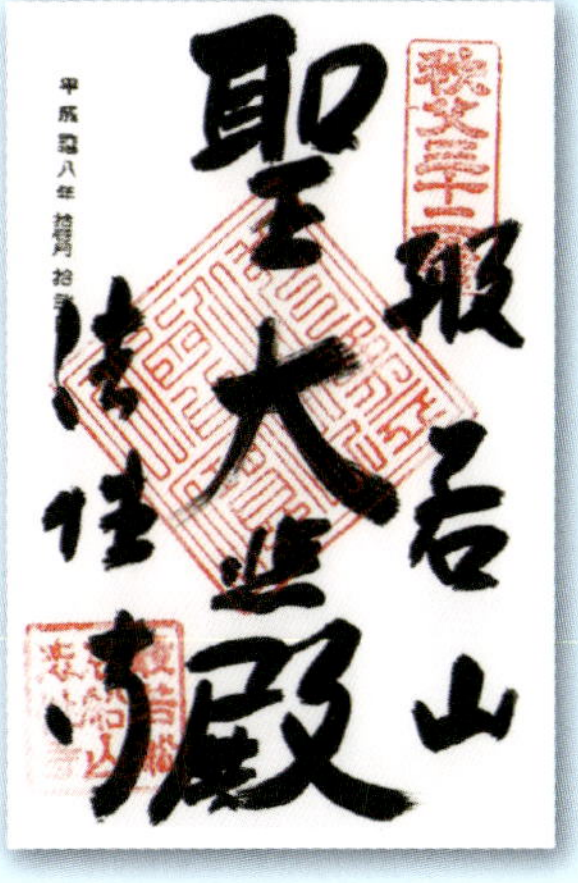

法性寺《ほうしょうじ》（埼玉県）

秩父三十四カ所第32番札所。岩船山を背にする山寺で、舞台造りの観音堂がある。岩船山頂上には奥の院があり、眺めは絶景。本尊は聖観音。御朱印には「聖大悲殿」とある。

全国に数多くの巡礼コースあり。無理をせず、近場でスタートするのがいい

急ぐ必要はまったくなし。週末ごとにのんびりめぐろう

巡礼コースは全国に1000コース以上あるといわれている。最初から西国や四国、坂東などの長距離コースに挑戦しなくても、まずは自分の住む地域で巡拝できるコースを探し、御朱印を集め始めるのがいい。

家の近くなら、週末ごとに2～3カ寺といったペースで、ゆっくりお参りし、御朱印をいただく。趣味としての御朱印集めや自分自身を見つめなおすことが目的であるならば、急ぐ必要はまったくないのだ。

観音霊場

全国各地に多数の霊場あり。コンパクトなコースなら短期間に結願可能

三十三観音霊場をめぐる巡拝コースは、全国に80以上もある。基本的に西国三十三カ所のうつしで、一県に一つ以上はある計算だ。

●北海道三十三観音霊場

大正時代に開拓者の発願で開かれた巡拝コース。函館、札幌、旭川、網走、稚内、室蘭など、道内各所を回り、全長は約2300キロ。

●奥州三十三観音霊場

保安4年（1123）の開創と伝えられる歴史あるコース。福島、宮城、岩手の3県にまたがる。奥州文化に触れながらの巡拝ができる。

●昭和新撰江戸三十三観音霊場

江戸時代に開創されたが、廃寺・不明になった札所などで衰退。昭和50年代に再興された。浅草寺、護国寺、増上寺など、電車で巡拝しやすい都内の有名寺院が並ぶ。

●鎌倉三十三観音霊場

すべての寺院が鎌倉市内にあり、比較的短期間でめぐることができる。鎌倉五山（建長寺、円覚寺、寿福寺、浄智寺、浄妙寺）など、鎌倉にある有名寺院の大多数が含まれている。

●尾張三十三観音霊場

愛知県名古屋市を中心とした霊場。江戸時代は盛んだったが明治時代に衰退し、

寛永寺《かんえいじ》（東京都）

昭和新撰江戸三十三観音霊場第6番。幕末まで境内であった上野公園内に残る清水観音堂が札所。京都清水寺を模した舞台造りで、本尊の千手観音も清水寺から勧請された。

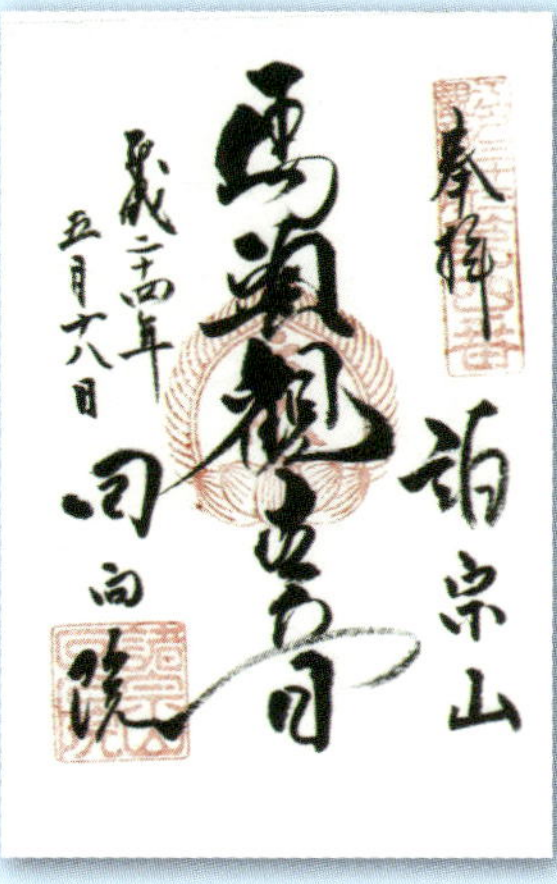

回向院《えこういん》（東京都）

昭和新撰江戸三十三観音霊場4番。徳川四代将軍家綱の愛馬を弔うべく造立された尊像で、この馬頭観音を中心に動物供養も行われる。かつては境内において相撲や出開帳が行われた。

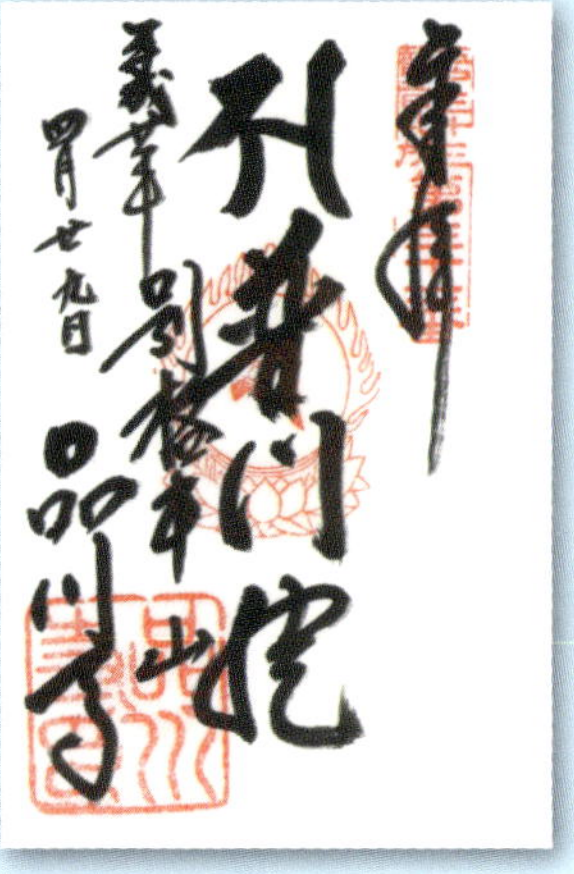

品川寺《ほんせんじ》（東京都）

昭和新撰江戸三十三観音霊場31番。江戸城を造った太田道灌の創建とされる真言宗醍醐派別格本山。本尊は水月観音、聖観音で、品川観音と呼ばれる。御朱印は院号の「普門院」。

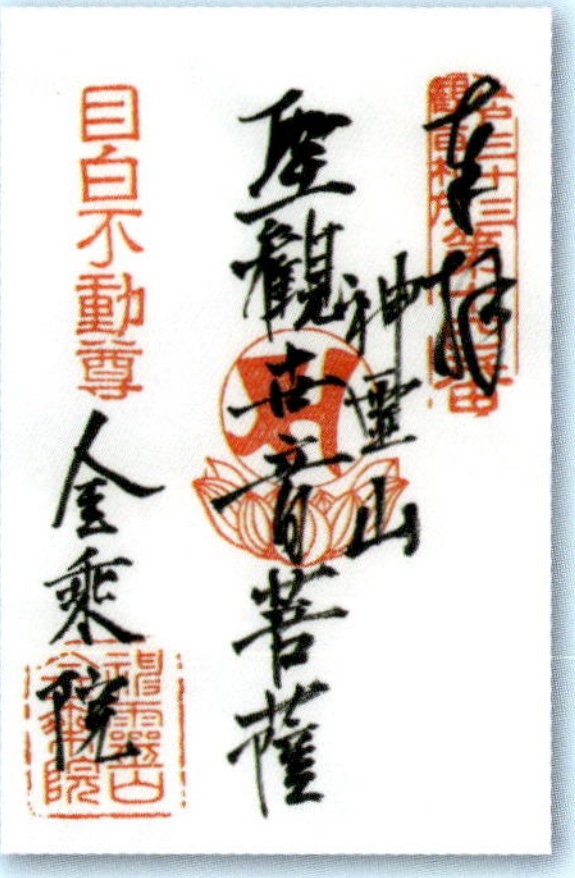

金乗院《こんじょういん》（東京都）

昭和新撰江戸三十三観音霊場14番。江戸五色不動の一つ、目白不動明王（秘仏）が祀られているお寺として知られる。本尊は聖観音で、御朱印にも「聖観世音菩薩」と書かれる。

杉本寺《すぎもとでら》（神奈川県）

鎌倉三十三カ所観音第1番（坂東三十三カ所）。天平6年（734）、行基が十一面観音を安置して創建したと伝えられる鎌倉最古の寺。御朱印には梵字と「十一面大悲殿」と書かれる。

明月院《めいげついん》（神奈川県）

鎌倉市にある臨済宗建長寺派の寺。鎌倉三十三観音霊場第30番。あじさい寺として人気が高く、シーズンには多くの人が訪れる。御朱印には本尊である聖観世音菩薩と書かれる。

昭和30年代に再興された。

●洛陽三十三観音霊場

起源は平安末期、後白河法皇が定めたと伝えられる。清水寺、六波羅蜜寺など、有名寺院が目白押し。

●九州西国三十三観音霊場

福岡、大分、佐賀、長崎、熊本の5県にまたがる霊場。半数近くが天台宗寺院で、起源は奈良時代にさかのぼる。第1番札所は福岡県の霊泉寺。

弘法大師霊場

弘法大師の遺徳をしのぶ巡拝コース。人間の煩悩に準ずる数で構成

四国八十八カ所を筆頭とする弘法大師霊場は、関東から九州まで、全国に30以上点在する。ほとんど88カ所、もしくは108カ所をめぐるコースで、人間の煩悩の数に準じている

●関東八十八カ所

関東の1都6県にまたがるもので、平成7年（1995）につくられた新しい霊場。全行程は約1500キロ。車なら10日ほどで巡拝できる。

●御府内八十八カ所霊場

四国遍路を模して、宝暦5年（1755）頃までに開創された、東京版お遍路コース。ほぼ23区内の範囲でめぐることができる。

●広島新四国八十八カ所霊場

平和公園の原爆供養塔が番外霊場として加えられていることが大きな特徴。全

行程は、広島県内5市1郡にまたがり、昭和40年代後半再興されたもの。

●九州八十八カ所霊場

弘法大師入定1150年を記念して、昭和59年に開創した霊場。博多をスタートとして、九州7県をめぐって再び福岡に戻る。全行程は2000キロにおよぶ。

薬師如来霊場

全国各地で信仰のあつい薬師霊場。49カ寺をめぐる巡礼コースが一般的

薬師如来信仰が始まったのは、奈良時代にさかのぼる。衆生を病から救う薬師如来は、古くから多くの信仰を集めている。

●中部四十九薬師霊場

長野、岐阜県にまたがる薬師霊場で、東海四十九薬師の姉妹霊場として開創された巡礼コース。特別札所は長野の善光寺とされている。

●西国四十九薬師霊場

大阪、兵庫、京都、滋賀、奈良、和歌山、三重の7府県にまたがる薬師霊場。奈良・薬師寺を第1番とし、歴史のある49カ寺がある。

●淡路四十九薬師霊場

霊場の島とも呼ばれる淡路島には、四十九薬師霊場のほかにも淡路四国

高崎観音《たかさきかんのん》（群馬県）

関東八十八カ所霊場の第1番札所。正しくは慈眼院という高野山真言宗寺院で、観音は白衣観音。観音山の丘陵の地に、高崎の街を見下ろすように建てられている。

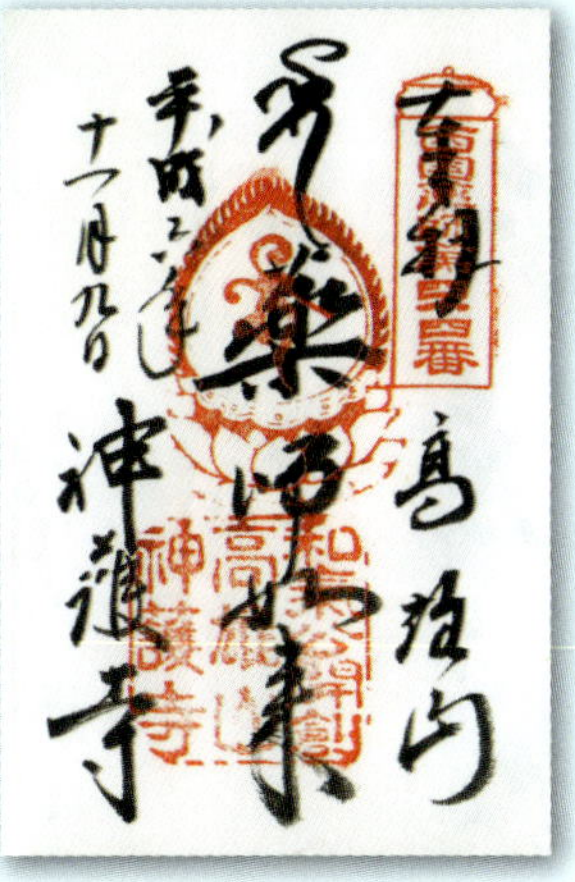

神護寺《じんごじ》（京都府）

西国四十九薬師霊場第44番。奈良時代末期、和気清麻呂が開いたお寺。空海や最澄にもゆかりがあり、仏教史上、重要な役割を果たした寺の一つだ。本尊の薬師如来立像は国宝。

八十八カ所、淡路西国三十三観音など、多くの霊場がある。

●**中国四十九薬師霊場**

薬師如来を祀る、岡山、広島、山口、島根、鳥取の中国地方5県にまたがる49カ寺の霊場。第1番は岡山県の大村寺、第49番結願寺は鳥取県の森福寺。

●**上総国薬師如来霊場**

千葉県の富津市、君津市、木更津市、袖ヶ浦市、市原市など、5市7町にわたる28カ寺で構成される霊場。

その他の霊場

さまざまな巡礼があるので、もっとも興味があり、回りやすい巡礼を選ぼう

観音霊場、薬師霊場以外にも、さまざまな巡拝コースがある。自分のペースに合わせて、最適な巡拝コースを選んでチャレンジを。

●**関西花の寺二十五カ所霊場**

宗旨宗派を超えて関西2府4県の25のお寺が手をむすび、一年中境内で花の美しさを楽しむことができる巡礼。

●**京都十三仏霊場**

京都の由緒ある寺々が集まり昭和56年（1981）に誕生した霊場。古い歴史を持つお寺ばかりで、もっとも新しいお寺でも寺歴600年という。

●**おおさか十三仏霊場**

大阪市と堺市、八尾市にある13カ寺が、昭和54年（1979）に開創した巡礼。半数以上が大阪市内にあるお寺。有名な四天王寺は第4番札所。

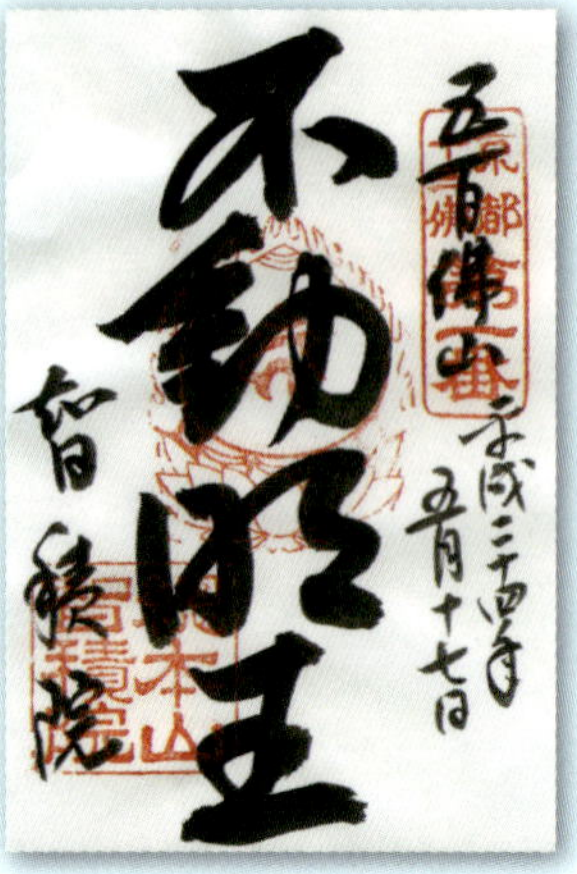

智積院《ちしゃくいん》（京都府）

京都十三仏霊場1番。慶長6年（1601）に建立された真言宗智山派総本山。江戸時代に講学が隆盛し、学山と称された。不動明王が祀られている。

清涼寺《せいりょうじ》（京都府）

京都十三仏霊場2番。〝嵯峨の釈迦堂〟で知られる浄土宗の古刹。本尊は釈迦如来。体内に内臓を形どった納入物があり、生身如来といわれている。

第4章

御朱印コレクション

ここでは、実際の御朱印の数々を紹介しよう。
流麗でうっとりするような筆運びのものから、
ダイナミックで力強い筆致のものまで、その味わいはじつにさまざま。
読み方の解説も参考に、じっくりと鑑賞しよう。

寺院編

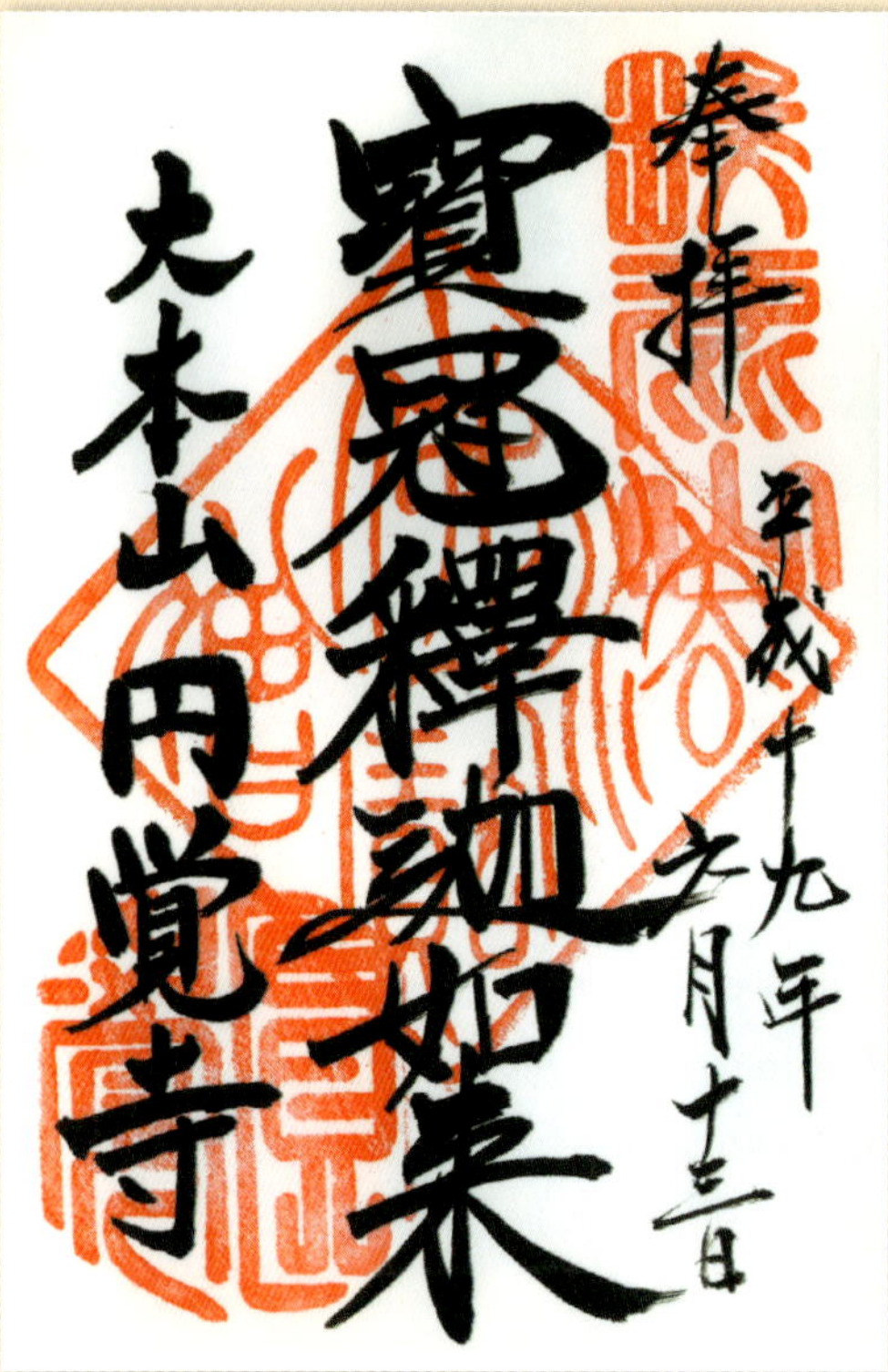

釈迦如来

釈迦如来は、インドの釈迦（ゴータマ・シッタルダ）が長い修行の末に悟りをひらき、如来となった姿。仏教の根本となる仏さまだ。御朱印では「釈迦牟尼仏《しゃかむにぶつ》」「釈尊《しゃくそん》」などと書かれることもある。

墨書
①奉拝
②日付（平成十九年六月十三日）
③宝冠釈迦如来
④大本山円覚寺

朱印
⑤瑞鹿山
⑥仏法僧宝
⑦円覚

鎌倉五山第二位の名刹 巨大な伽藍配置に注目

鎌倉時代、執権・北条時宗が、中国の僧・無学祖元を招いて開山した臨済宗円覚寺派大本山。御朱印の中央の文字はご本尊である宝冠釈迦如来。冠をかぶっている珍しい釈迦如来で、仏殿にまつられている。

円覚寺《えんがくじ》（神奈川県）

鎌倉五山第二位。JR北鎌倉駅に近く、参拝客も多い。三門、仏殿、方丈などが一直線に並ぶ典型的な禅宗様伽藍配置が確認できる。初心者も参加できる座禅会も実施している。

墨書
①奉拝
②日付（平成二十一年七月十四日）
③承陽殿
④吉祥山　永平寺

朱印
⑤日本曹洞第一道場
⑥（梵寺）大本山永平寺
⑦大本山永平寺納経印

道元禅師が深い山中に開いた霊験あらたかな曹洞宗大本山

曹洞宗の大本山として有名。年間100万人にもおよぶ参拝者が訪れる。本尊は釈迦如来の左右に弥勒菩薩、阿弥陀如来が配された三世仏。それぞれ現在・過去・未来を表す。御朱印の「承陽殿」は、道元の御真廟。

永平寺《えいへいじ》（福井県）

三方を山に囲まれた厳かな雰囲気。およそ10万坪といわれる広大な寺域を持ち、中心には鎌倉時代から急斜面を切り開いて築かれてきた七堂伽藍が建つ。

墨書
①奉拝
②日付（平成二十二年十二月九日）
③本尊二尊
④小倉山二尊院

朱印
⑤円光大師二十五霊場第十七番
⑥釈迦　二尊院　弥陀
⑦嵯峨天皇勅願寺

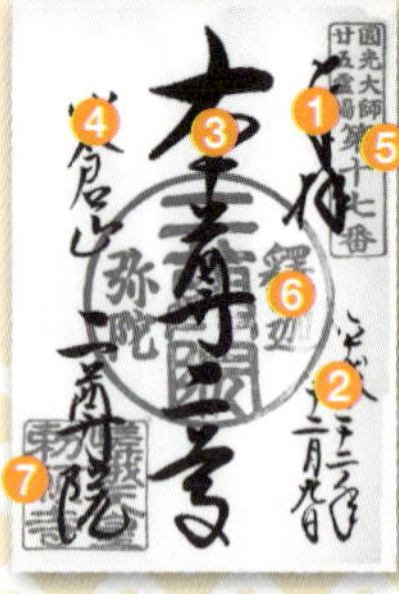

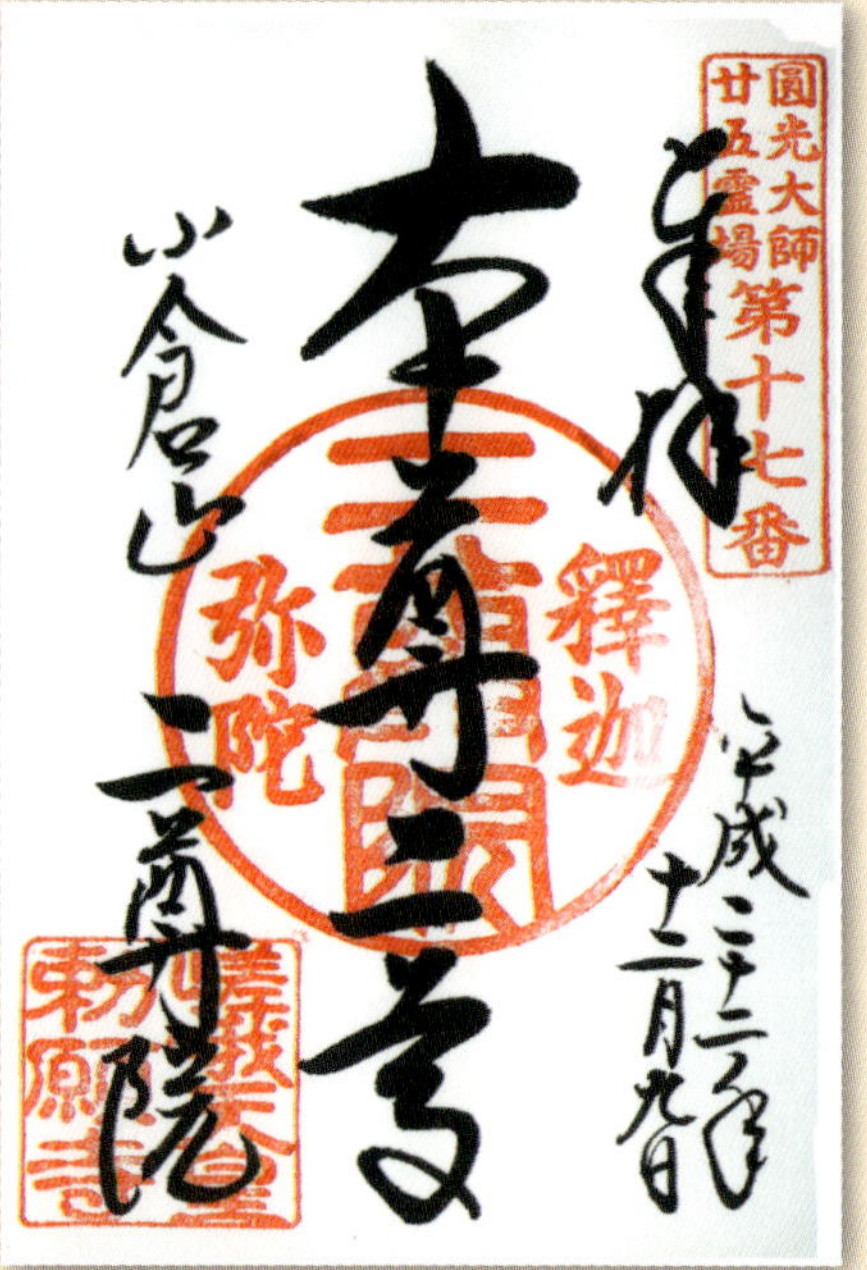

二尊院《にそんいん》（京都府）

京都・嵯峨野にある天台宗の寺院。二尊院とは、「発遣の釈迦」と「来迎の阿弥陀」の二如来像が本尊であることによる。御朱印の文字も「本尊二尊」と書かれる。秋には紅葉の名所として多くの人が訪れる。

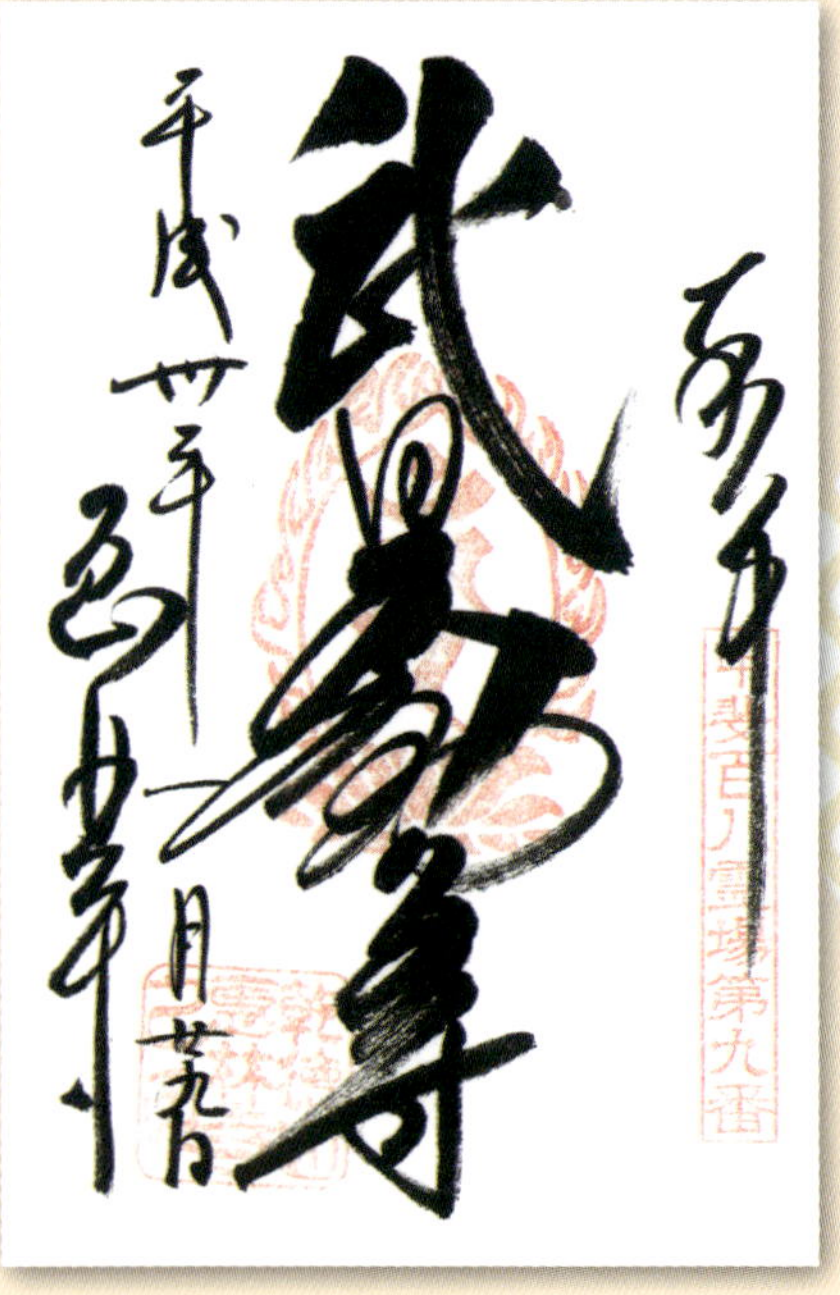

墨書
①奉拝
②武田不動尊
③日付（平成三十年一月二十九日）
④恵林寺

朱印
⑤甲斐百八霊場第九番
⑥不動尊の梵字と火炎
⑦乾徳山恵林寺之印

恵林寺《えりんじ》（山梨県）

甲斐武田家の菩提寺であり、武田信玄の墓所がある。御朱印にある「武田不動尊」とは、信玄が生前に対面で摸刻させたという、等身大の不動明王のこと。四季折々の美しさを見せる庭園は、国の名勝に指定されている。

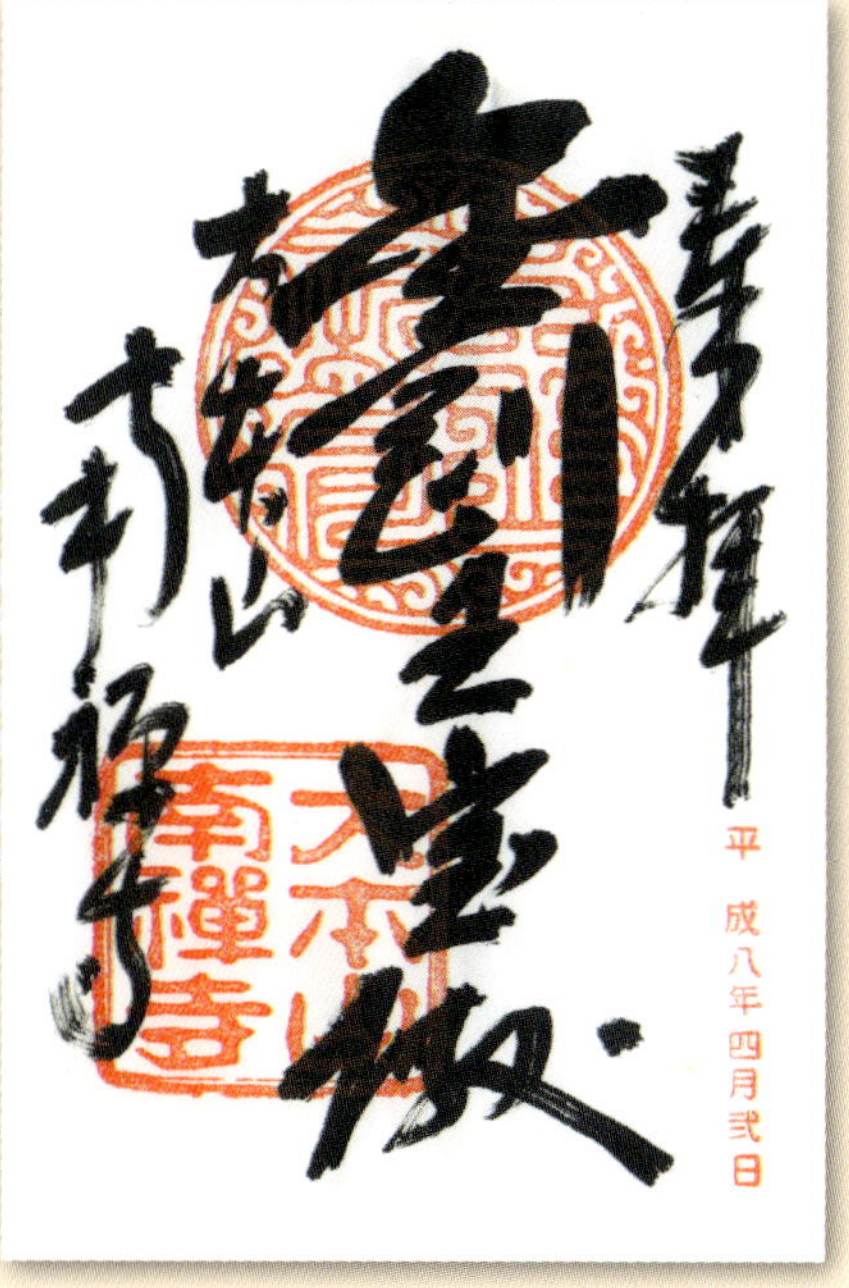

墨書
①奉拝
②金剛王宝殿
③大本山南禅寺

朱印
④五山之上
⑤日付（平成八年四月弐日）
⑥大本山南禅寺

南禅寺《なんぜんじ》（京都府）

臨済宗南禅寺派の大本山で、日本の禅宗のなかでは最も高い格にある寺院。広大な境内には、方丈、法堂、庭園などがあり、見どころにあふれている。歌舞伎で石川五右衛門《いしかわごえもん》が「絶景かな」と見えを切るのは南禅寺の三門。

墨書
①奉拝
②日付（平成三十年二月七日）
③石庭
④龍安寺

朱印
⑤大雲山
⑥吾唯足知
⑦龍安寺印

龍安寺《りょうあんじ》（京都府）

石庭で有名な臨済宗寺院。御朱印も中央に「石庭」と書かれる。この石庭は方丈庭園。見る人によってさまざまな解釈ができることが魅力。また、方丈裏のつくばいにある「吾唯足知（われただたることをしる）」の印も。

墨書
①奉拝
②日付（平成三十年）
③本尊釈迦牟尼仏
④世田谷
⑤大谿山　豪徳寺
朱印
⑥招福猫児発祥之寺
⑦仏法僧宝　撥祥之地
⑧井伊大老墓所
⑨武蔵国大谿山豪徳寺

豪徳寺《ごうとくじ》（東京都）

東京都世田谷区の住宅街にある古刹。招き猫発祥の寺とされ、招猫観音をまつる招福殿がある。ここでは招き猫を「招福猫児《まねきねこ》」といい、願いがかなったお礼にたくさんの招福猫児が奉納されている。井伊直弼の墓所もある。

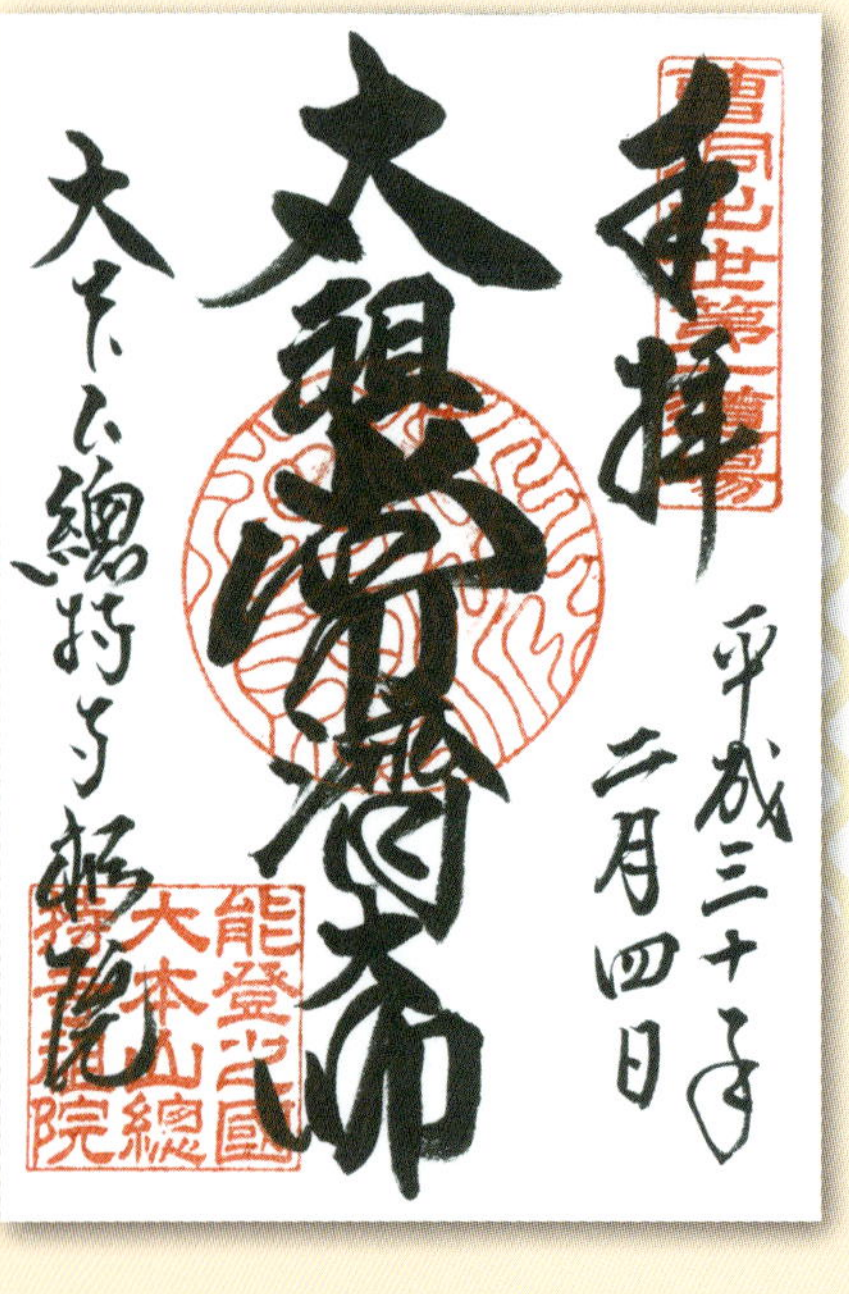

墨書
①奉拝
②日付（平成三十年二月四日）
③太祖常済大師
④大本山總持寺祖院
朱印
⑤曹洞宗第一道場
⑥仏法僧宝
⑦能登之国大本山總持寺祖院

總持寺祖院《そうじじそいん》（石川県）

かつては曹洞宗大本山總持寺であったが、明治31年（1898）の大火によって伽藍《がらん》のほとんどを消失。それを機に本山機能が横浜・鶴見に移り、祖院となった。御朱印に書かれる太祖常済大師は、開山の瑩山紹瑾《けいざんじょうきん》のこと。

墨書
①奉拝
②日付（平成二十四年五月二十四日）
③本尊釈迦如来
④極楽寺

朱印
⑤相模霊場十四番
⑥仏法僧宝
⑦鎌倉霊山殿極楽寺

珍しい特色を持っている秘仏の釈迦如来がご本尊

開祖は忍性、山号は霊鷲山。鎌倉では珍しい真言律宗の寺院である。鎌倉時代につくられた本尊の釈迦如来は、衣が首まで覆うなど、珍しい特色がある。秘仏で毎年4月7～9日のみ開扉。鎌倉三十三観音霊場第22番札所。

極楽寺《ごくらくじ》（神奈川県）

建立は二代執権の北条義時の三男・重時。最盛期は七堂伽藍を備え、多くの子院を有する大寺院だったが、その後新田義貞の鎌倉攻め元弘3年（1333年）などでほとんど焼失した。

墨書
①奉納
②（梵字）釈迦如来
③出釈迦寺

朱印
④第七十三番
⑤（梵字）
⑥我拝師山求聞持院出釈迦寺

出釈迦寺《しゅっしゃかじ》（香川県）

香川県善通寺市にある真言宗御室派《しんごんしゅうおむろは》の寺院。山号は我拝師山。四国八十八カ所の第73番札所。空海が7歳のとき、身を投げたといわれる我拝師山の中腹に奥の院が作られ、捨身ヶ嶽禅定と呼ばれている。

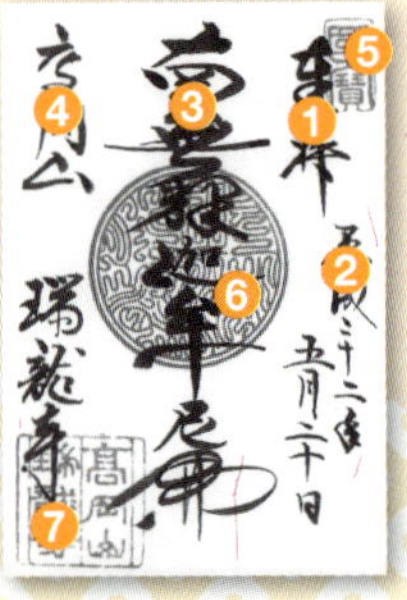

墨書
①奉拝
②日付（平成二十二年五月二十日）
③南無釈迦牟尼佛
④高岡山瑞龍寺

朱印
⑤国宝
⑥仏法僧宝
⑦高岡山瑞龍寺

瑞龍寺《ずいりゅうじ》（富山県）

富山県高岡市にある曹洞宗寺院。加賀藩二代藩主前田利長の菩提寺として、加賀百万石の財力の恩恵を受けた近世禅宗様建築群が並ぶ。仏殿、法堂、山門は富山県唯一の国宝に指定されている。

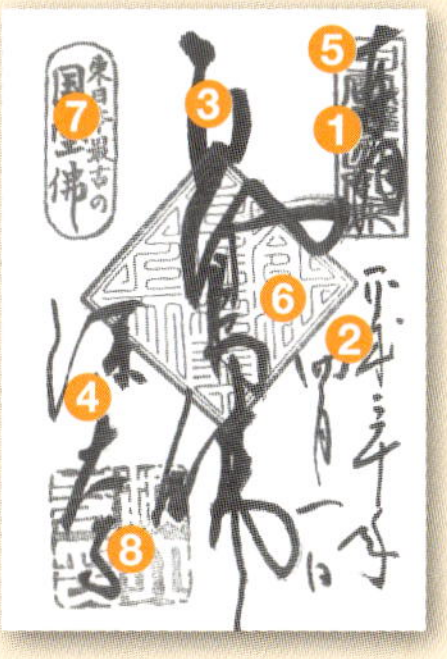

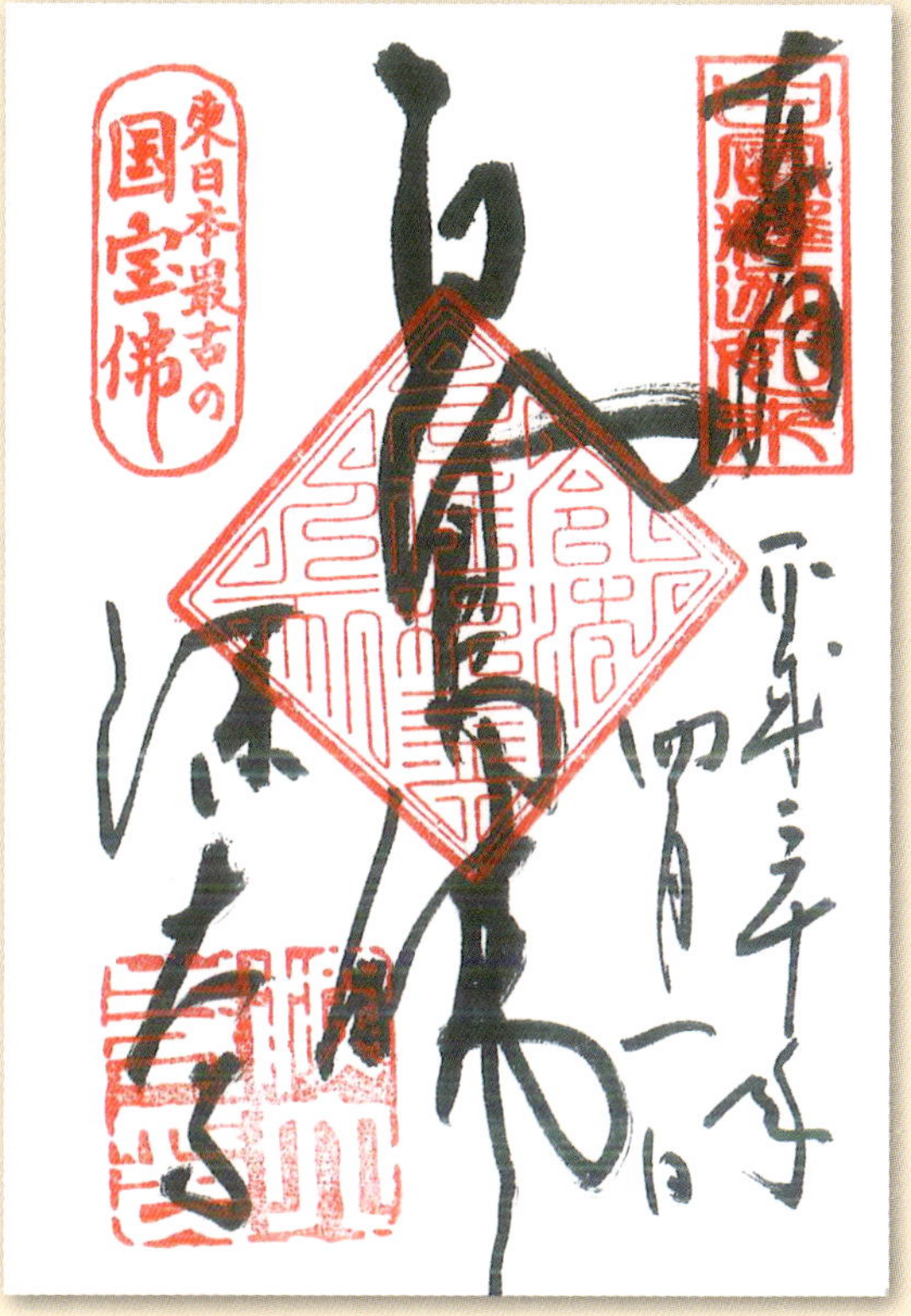

墨書
①奉拝
②日付（平成三十年四月一日）
③白鳳佛
④深大寺

朱印
⑤白鳳釋迦如来
⑥令法久住利益人天
⑦東日本最古の国宝佛
⑧深大寺印

釈迦如来

関東地方には珍しい白鳳佛

調布市にある天台宗の別格古刹。釈迦堂に泰安の白鳳佛は、端正な顔立ちや青年を思わせる肉付けなど、関東地方には少ない白鳳時期の釈迦如来倚像で、東日本最古の国宝仏。御朱印には「白鳳佛」と書かれる。

深大寺《じんだいじ》（東京都）

深大寺周辺は武蔵野の面影が残り、隣接する都立神代植物公園とともに多くの人で賑わう。参道では、古くから将軍家などに献上された深大寺そばが有名だ。

阿弥陀如来

法蔵菩薩が、厳しく長い修行を経て悟りをひらいたとされるのが阿弥陀如来。西方にある極楽浄土に住み、どんな悪行をした人も「南無阿弥陀仏」ととなえれば極楽浄土に往生できるという、浄土信仰の中心的存在だ。

本尊は絶対公開されない秘仏
参拝者が絶えない信州の名刹

年間約600万人もの参拝者が訪れるという善光寺。ご本尊は日本最古といわれる一光三尊阿弥陀如来だが、これは絶対秘仏。この身代わりの前立本尊が数え年で7年に一度開帳され、とても多くの参拝者で賑わう。

墨書
①奉拝
②日付（平成二十三年十月十四日）
③善光寺
④堂司

朱印
⑤定額山
⑥善光寺本堂
⑦奉行

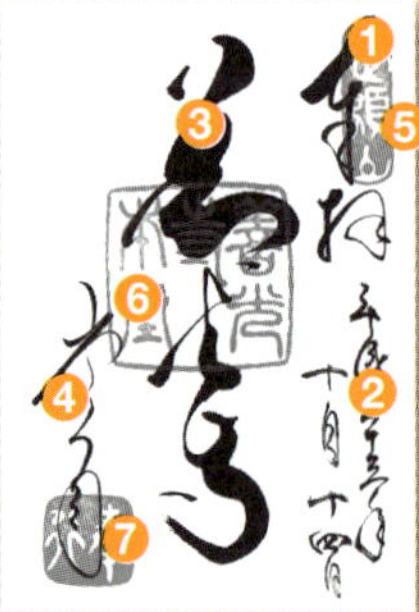

善光寺《ぜんこうじ》（長野県）

現在の本堂は宝永4年（1707）の再建。国宝に指定されている。瑠璃壇床下の真っ暗な回廊をめぐって「極楽の錠前」に触れることで本尊と縁を結ぶ、お戒壇めぐりがある。

©善光寺

墨書
①奉拝
②日付（平成三十年一月一日）
③金色堂
④関山
⑤中尊寺

朱印
⑥藤原三代金碧霊廟
⑦金色堂印
⑧（梵字）

奥州藤原三代の栄華を伝える平安仏教美術の宝庫

天台宗東北大本山。奥州藤原三代ゆかりの寺として有名だ。堂の内外に金箔が施され、平安時代の美術、工芸、建築の粋を集めたとされる金色堂（阿弥陀堂）が有名。御朱印にも中央に「金色堂」と書かれる。

阿弥陀如来

中尊寺《ちゅうそんじ》（岩手県）

中尊寺というのはこの山全体の総称。本寺である「中尊寺」と17の支院（塔頭）で構成されている一山寺院だ。平成23年（2011）6月、世界文化遺産に登録された。

墨書
①奉拝
②日付（平成二十二年十二月九日）
③無縁仏
④あだし野念仏寺　浄土

朱印
⑤あだし野の露
⑥華西山念仏寺
⑦嵯峨念仏寺化野

念仏寺《ねんぶつじ》（京都府）

京都・嵯峨野にある浄土宗の寺院。境内には約8000体というおびただしい数の石仏・石塔がある。周辺に散在していた無縁仏を掘り出して集めたものだ。ご本尊は阿弥陀如来だが、御朱印には「無縁仏」と書かれる。

墨書
①国宝
②日付（平成二十年十二月十九日）
③黄不動尊
④曼殊院

朱印
⑤近畿第十七番
⑥（梵字）
⑦曼殊院門跡印

曼殊院門跡《まんしゅいんもんぜき》（京都府）

創建は平安時代にまで遡る。明暦年間に桂離宮を造営した智仁親王を父にもつ良尚法親王により御所より現在地に移転。建物・庭園共に桂離宮と共通した感性がうかがえ、「小さな桂離宮」ともいわれている。「黄不動尊《きふどうそん》」は国宝。

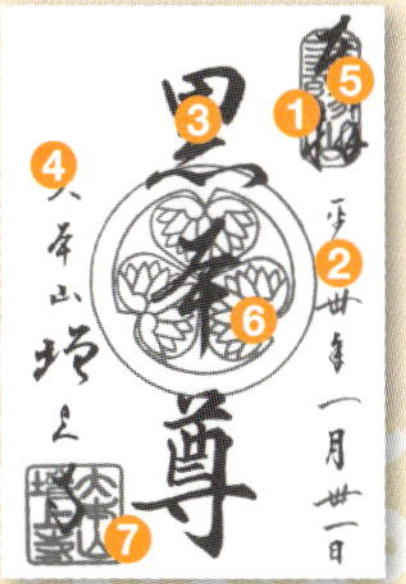

墨書
①奉拝
②日付（平成三十年一月三十一日）
③黒本尊
④大本山増上寺

朱印
⑤三縁山
⑥葵の御紋
⑦大本山増上寺

増上寺《ぞうじょうじ》（東京都）

浄土宗の七大本山の一つであり、東国の要として発展してきた。江戸時代には徳川家の菩提寺として隆盛を誇った。二代秀忠《ひでただ》、六代家宣《いえのぶ》、七代家継《いえつぐ》、九代家重《いえしげ》、十二代家慶《いえよし》、十四代家茂《いえもち》の墓所がある。

墨書
①奉拝
②日付（平成二十四年五月二十五日）
③南無阿弥陀仏
④目黒祐天寺

朱印
⑤明顕山
⑥（梵字）
⑦祐天寺印

祐天寺《ゆうてんじ》（東京都）

東急東横線祐天寺駅から徒歩5分にある浄土宗のお寺。増上寺の住職であった祐天上人の廟所《びょうしょ》として、高弟の祐海が整備した。本尊の阿弥陀如来は寄木造り坐像。江戸時代の正統的な作風で、阿弥陀堂に安置される。

墨書
①奉拝
②八形山
③大悲殿
④萩の寺
⑤日付（平成七年十月十日）
朱印
⑥遠州第一番
⑦菊紋
⑧蓮華寺印

蓮華寺《れんげじ》（静岡県）

萩の寺として有名。萩の種類は15種類ほどあり、4月中旬〜10月初旬まで、多様な萩の花が咲き乱れる。小さな寺だが、往時を物語る遺品や古文書が数多く残されている。遠州三十三観音霊場第1番札所。

墨書
①奉拝
②日付（平成二十九年一月三日）
③阿弥陀如来
④高徳院
朱印
⑤鎌倉大仏殿
⑥鎌倉大仏殿高徳院印

高徳院《こうとくいん》（神奈川県）

有名な鎌倉大仏があるのが高徳院。大仏は阿弥陀如来で、鎌倉期の鋳造《ちゅうぞう》。かつては大仏殿があったものの、数度にわたる台風や地震、津波によって失われている。大仏内の胎内めぐりもでき、観光客に人気。

申し訳ありません。切手をお貼りください。

郵便はがき

1 0 2-0 0 9 3

東京都千代田区平河町一丁目1−8
麹町市原ビル4F

メイツ出版株式会社
編集部 行

※さしつかえなければご記入ください。

お買い上げの本の題名		
あなたのお名前 男・女　　歳	お買い求め先(書店,生協,その他)	
ご住所 〒 Tel. Fax.　　　e-mail		

※こちら（http://www.mates-publishing.co.jp/voice）からも承っております。

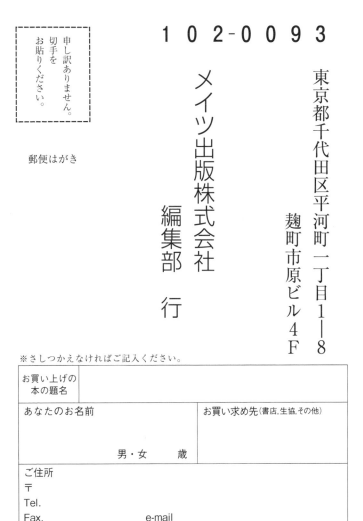

本書のご感想、あなたの知っているとっておきの情報、お読みになりたいテーマなど、なんでもお聞かせください。
※こちら（http://www.mates-publishing.co.jp/voice）からも承っております。

ありがとうございました。

薬師如来

人々の病気の苦しみを取り除こうと修行し、如来となったのが薬師如来。左手に薬壺を載せているのが大きな特徴。御朱印には薬師如来が住む浄瑠璃《じょうるり》浄土にちなみ「瑠璃光」「瑠璃殿」などと書かれることも多い。

白鳳期の薬師三尊像など、国宝・重文が目白押し

法相宗の大本山。南都七大寺の一つであり、西国薬師四十九霊場の1番。金堂に安置される国宝の薬師三尊像は、7～8世紀の作品の中でも最高傑作の一つとされる。御朱印は「薬師如来」「聖観世音」など数種ある。

墨書
❶奉拝
❷日付（平成二十三年十二月十日）
❸薬師如来
❹薬師寺

朱印
❺西国薬師第一番
❻（梵字）
❼南都薬師寺印

薬師寺《やくしじ》（奈良県）

現在地に移されたのは養老2年（718）。伽藍配置は独特のスタイルで、薬師寺式伽藍と呼ばれる。東塔は、唯一創建当時より現存している建物だ。ユネスコ世界遺産に登録されている。

墨書
①奉拝
②日付（平成十九年十一月二十四日）
③薬師如来
④医王山　毛越寺
朱印
⑤医王山
⑥（梵字）
⑦毛越寺印

毛越寺《もうつうじ》（岩手県）

藤原氏二代基衡《もとひら》から三代秀衡《ひでひら》の時代に多くの伽藍《がらん》が造営され、往時は中尊寺をもしのぐ規模だったという。国の特別史跡、特別名勝の指定を受け、世界遺産にも登録されている。奥州三十三観音番外札所、四寺廻廊《しじかいろう》札所。

墨書
①奉拝
②日付（平成三十年二月五日）
③本尊薬師如来
④三千院
朱印
⑤西国薬師第四十五番
⑥（梵字）
⑦三千院

三千院《さんぜんいん》（京都府）

青蓮院《しょうれんいん》、妙法院《みょうほういん》とともに、天台宗の三門跡寺院の一つ。四季折々の美しさを堪能できる庭園が素晴らしい。一年を通じて、多くの観光客が訪れる。西国薬師四十九霊場第45番、近畿三十六不動尊霊場第16番。

墨書
①奉拝
②日付（平成二十四年五月二十三日）
③瑠璃殿
④東叡山寛永寺
朱印
⑤葵紋
⑥（梵字）
⑦東叡山寛永寺

寛永寺《かんえいじ》（東京都）

上野公園とその周辺に点在する寛永寺は、徳川将軍家の祈祷寺と菩提寺を兼ねる大寺であったが、戊辰戦争でほとんどが焼失した。歴代将軍6人の霊廟《れいびょう》がある。本尊は薬師如来で、御朱印には「瑠璃殿」の文字。

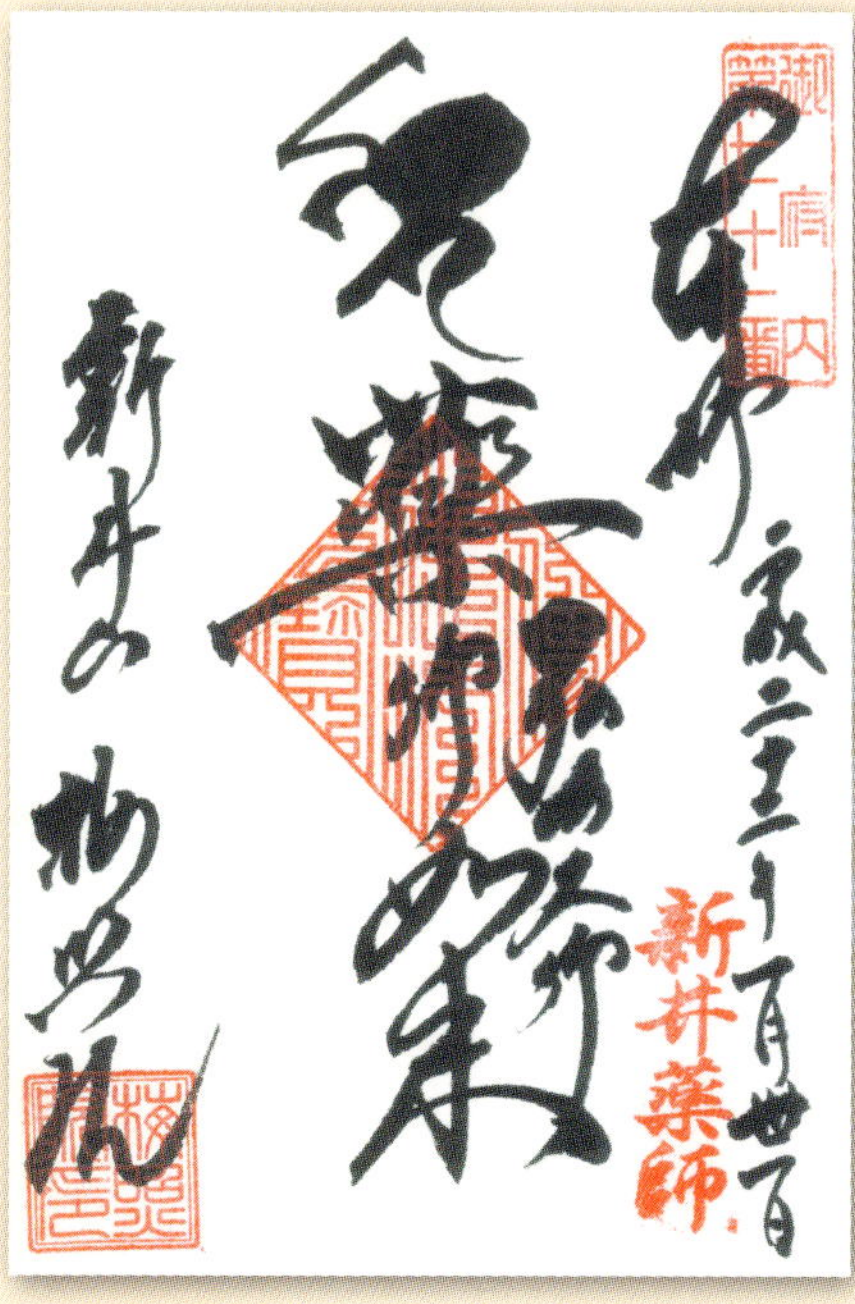

墨書
①奉拝
②日付（平成二十二年一月三十一日）
③弘法大師
④（梵字）薬師如来
⑤新井山　梅照院
朱印
⑥御府内第七十一番
⑦新井薬師
⑧仏法僧宝
⑨梅照院印

新井薬師《あらいやくし》（東京都）

中野区最大の寺院で、都内でも著名な寺院の一つ。本尊は弘法大師が彫ったという薬師如来と如意輪観音《にょいりんかんのん》。いずれも秘仏で、開帳は寅年に限っている。「目の薬師」「子育て薬師」などとも呼ばれ、信仰を集めている。

墨書
①奉拝
②日付（平成三十年二月六日）
③医王殿
④比叡山
⑤根本中堂

朱印
⑥比叡山
⑦（梵字）
⑧比叡山根本中堂之印

1200年の歴史を誇る日本仏教の母たる寺院

平安時代に最澄が開いた天台宗の本山。延暦寺とは、比叡山の山内にある1700ヘクタールの境内地に点在する約100の堂塔の総称だ。根本中堂の本尊は薬師如来。御朱印の「医王殿」は、薬師如来が祀られるお堂の意味。

薬師如来

比叡山延暦寺《ひえいざんえんりゃくじ》（滋賀県）

山内は３つのエリアに分けられ、東を東塔《とうどう》、西を西塔《さいとう》、北を横川《よかわ》という。これを三塔といい、それぞれに本堂がある。東塔は延暦寺発祥の地であり、本堂にあたる根本中堂が中心。

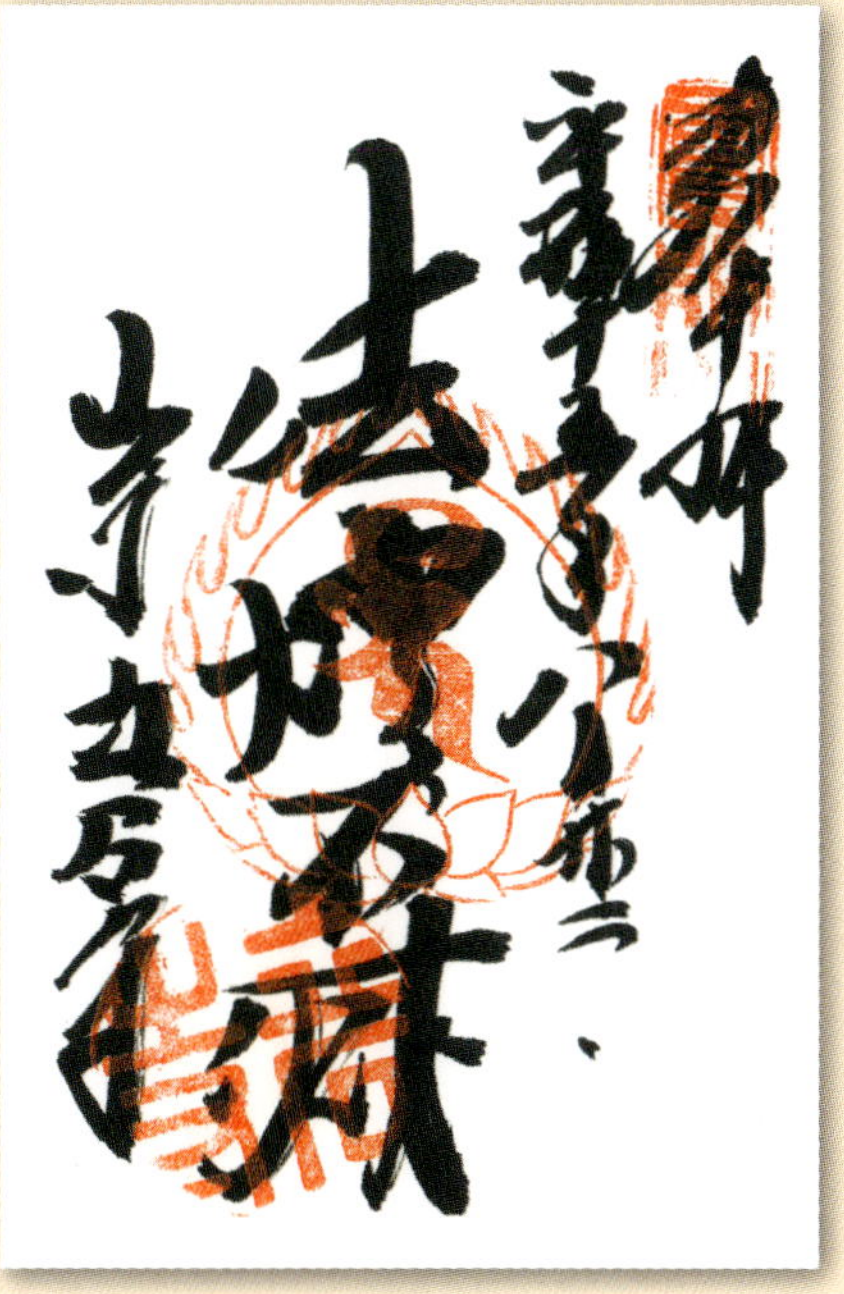

墨書
①奉拝
②日付（平成十五年八月二十二日）
③法灯不滅
④山寺立石寺
朱印
⑤宝印
⑥（梵字）
⑦立石寺

立石寺《りっしゃくじ》（山形県）

山寺の通称で知られる天台宗寺院。松尾芭蕉が「閑さや巖にしみ入る蝉の声」と詠んだのがここ。境内は33万坪。入り口から奥の院まで1010余段の石段が続く。本尊の薬師如来は50年に一度の開帳する。次回は平成25年。

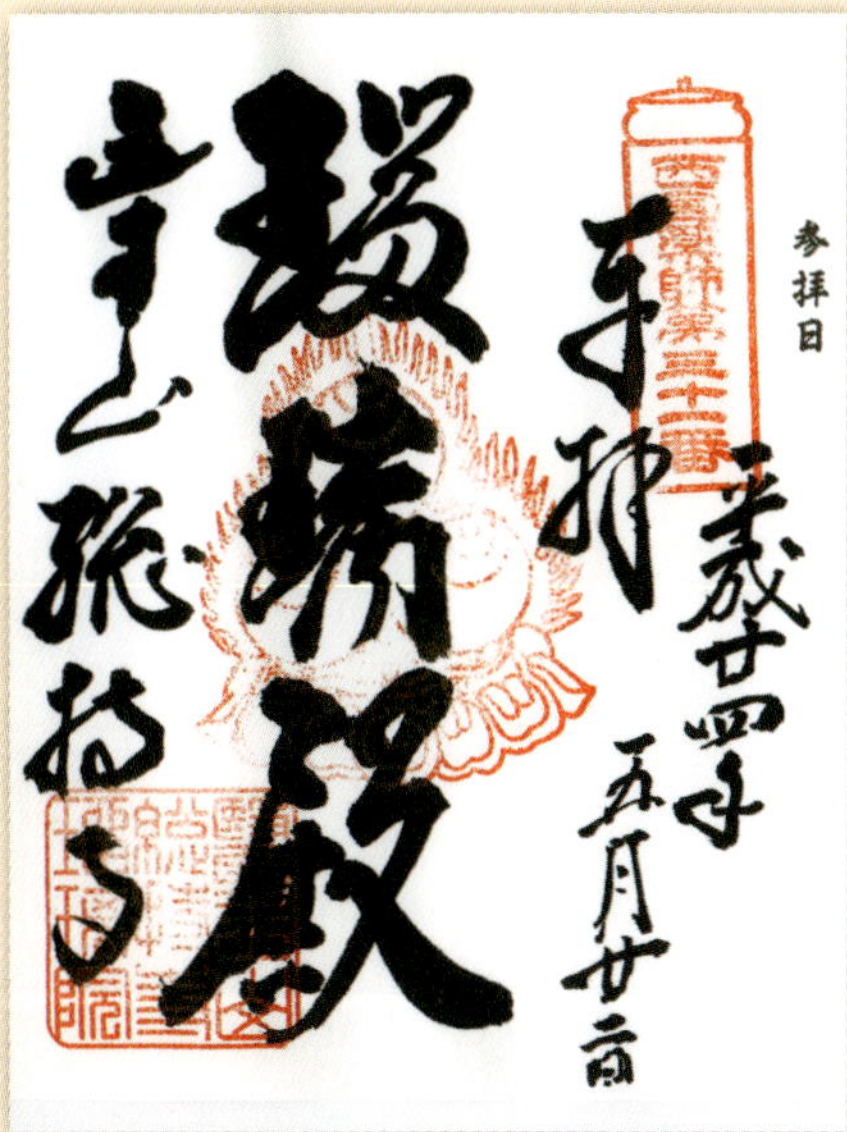

墨書
①奉拝
②日付（平成二十四年五月二十二日）
③瑠璃殿
④医王山総持寺
朱印
⑤西国薬師霊場三十一番
⑥薬師宝珠
⑦医王山総持寺瑠璃院

総持寺《そうじじ》（滋賀県）

滋賀県一の牡丹《ぼたん》の寺として名高く、境内一面に植えられた牡丹は約80種類1000株。見ごろは4月下旬～5月上旬。本堂内の聖観音《しょうかんのん》は重要文化財。庭園も県の名勝に指定されている。西国薬師四十九霊場31番札所。

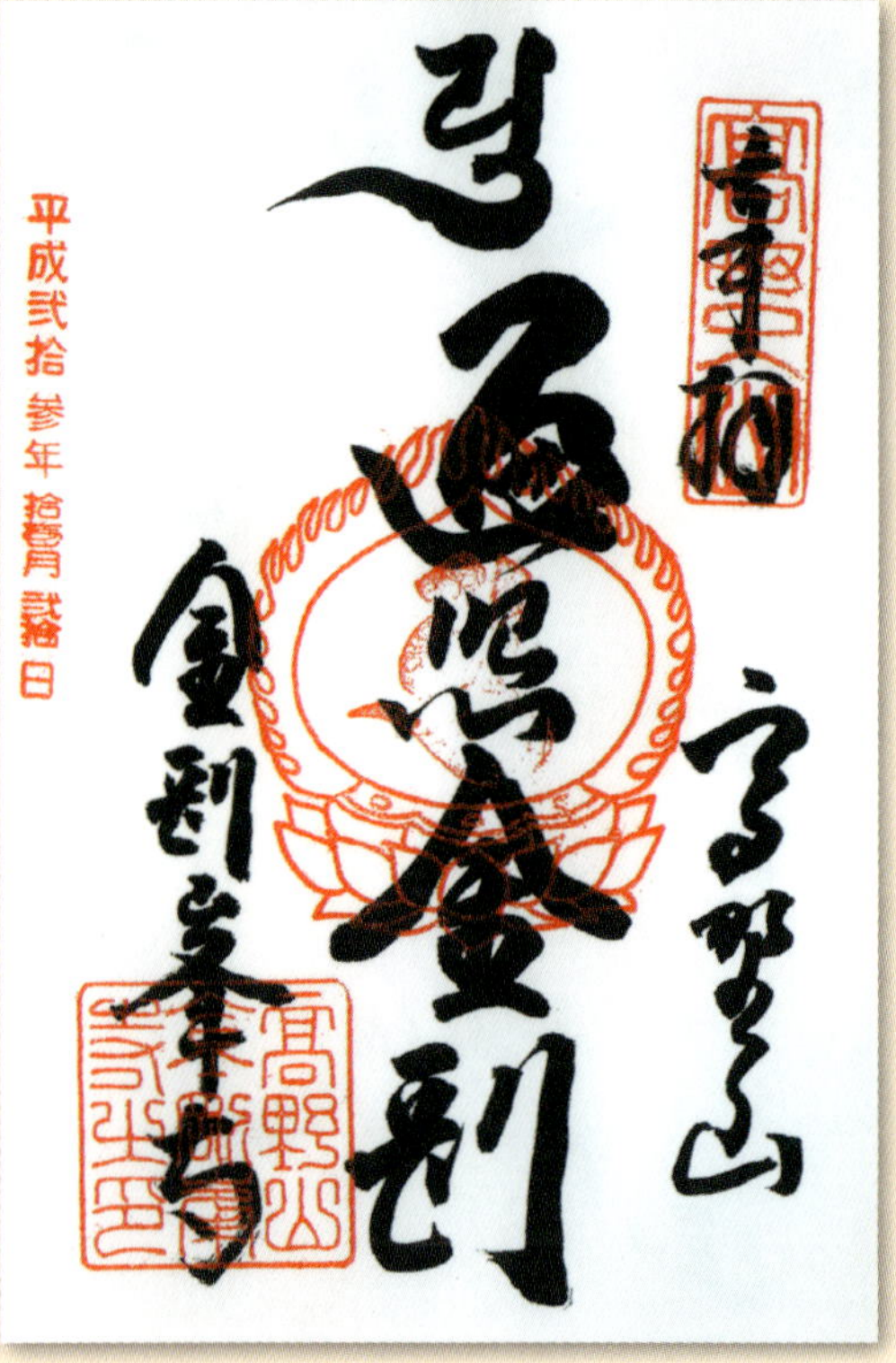

大日如来

真言宗などの密教において、宇宙の真理そのものとされる最高の存在が大日如来。釈迦如来や薬師如来なども、大日如来が姿を変えたものとされている。この大日如来を中心に宇宙の構造を図で示したものが曼荼羅《まんだら》だ。

空海が開いた真言密教の聖地
一度は訪れたい世界遺産

弘法大師空海が開いた真言宗の総本山。高野山は「一山境内地《いっさんけいだいち》」といい、山内には数多くの寺院がある。その中核をなすのが金剛峯寺だ。御朱印の「遍照金剛《へんじょうこんごう》」とは、空海の灌頂名であり、両部の大日如来のこと。

墨書
①奉拝
②高野山
③（梵字）遍照金剛
④金剛峯寺

朱印
⑤高野山
⑥（梵字）
⑦日付（平成二十三年十一月二十日）
⑧高野山金剛峯寺之印

高野山金剛峯寺《こうやさんこんごうぶじ》（和歌山県）

高野山の山内に点在するお寺は塔頭《たっちゅう》寺院という。現在では117カ寺が存在し、そのうち53カ寺は宿坊として参詣者に宿を提供している。金堂は一山の総本堂として重要な役割を果たす。

墨書
①奉拝
②日付（平成二十四年五月十七日）
③大日如来
④智積院

朱印
⑤五百佛山
⑥（梵字）
⑦総本山智積院

智積院《ちしゃくいん》（京都府）

京都・東山にある真言宗智山派の総本山。20あまりの伽藍《がらん》と貴重な文化遺産がある。特に長谷川等伯《とうはく》らによって描かれた、国宝の障壁画は必見。桃山時代に造られた名勝庭園も見事だ。京都十三仏霊場1番。

墨書
①奉拝
②大日如来
③日付（平成二十四年五月二十八日）

朱印
④弘法大師降魔道場
⑤（梵字）
⑥豆州修禅寺

修禅寺《しゅぜんじ》（静岡県）

伊豆・修善寺温泉発祥とされる寺で、温泉場の中心にある。平安初期、弘法大師が開基し、真言宗の寺として非常に高い格式を誇っていた。15世紀には火災により荒廃したが、後に曹洞宗寺院として再興された。

菩薩

　如来になるための修行を積んでいるのが菩薩。修行中ということで、より衆生に近い存在として民間信仰の対象となっていることが多い。母性のイメージのある観音《かんのん》菩薩、智恵をつかさどる文殊《もんじゅ》菩薩などがある。

墨書
①海光山
②十一面大悲殿
③日付（平成二十八年十一月十八日）
④長谷寺
朱印
⑤坂東四番
⑥鎌倉　観音堂　長谷
⑦長谷寺印

長谷寺《はせでら》（神奈川県）

　境内は観音山の裾野に広がる下境内と、その中腹に切り開かれた上境内に分かれている。四季折々の花々が咲き、観光客にも人気のお寺だ。本尊の十一面観音は長谷観音と呼ばれ、錫杖《しゃくじょう》を右手に携えて岩座に立つ独特の姿。

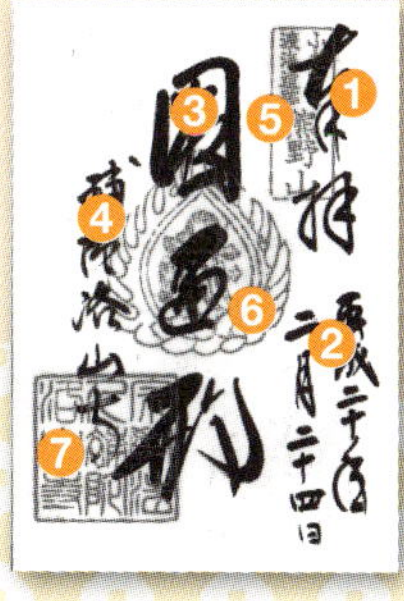

墨書
①奉拝
②日付（平成二十年二月二十四日）
③圓通殿
④補陀洛山寺
朱印
⑤ふだらく渡海遺跡　熊野山
⑥（梵字）
⑦宗教法人補陀洛山寺

補陀洛山寺《ふだらくさんじ》（和歌山県）

人々が観音浄土と信じる補陀洛山へと、那智《なち》の浜から小船に乗って海に出た「補陀洛渡海」で知られる寺。本尊は十一面千手観音。たくさんの手で衆生をもれなく救うと信じられている観音菩薩だ。

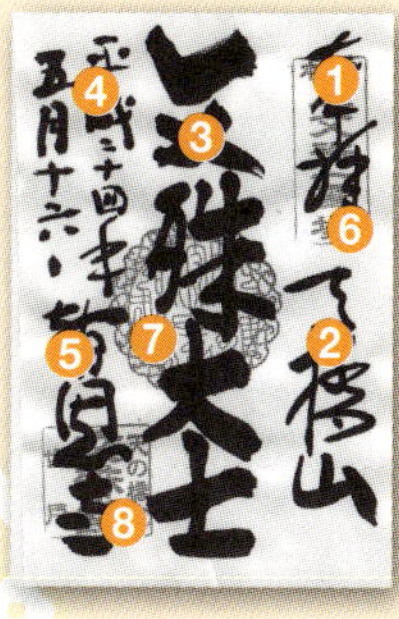

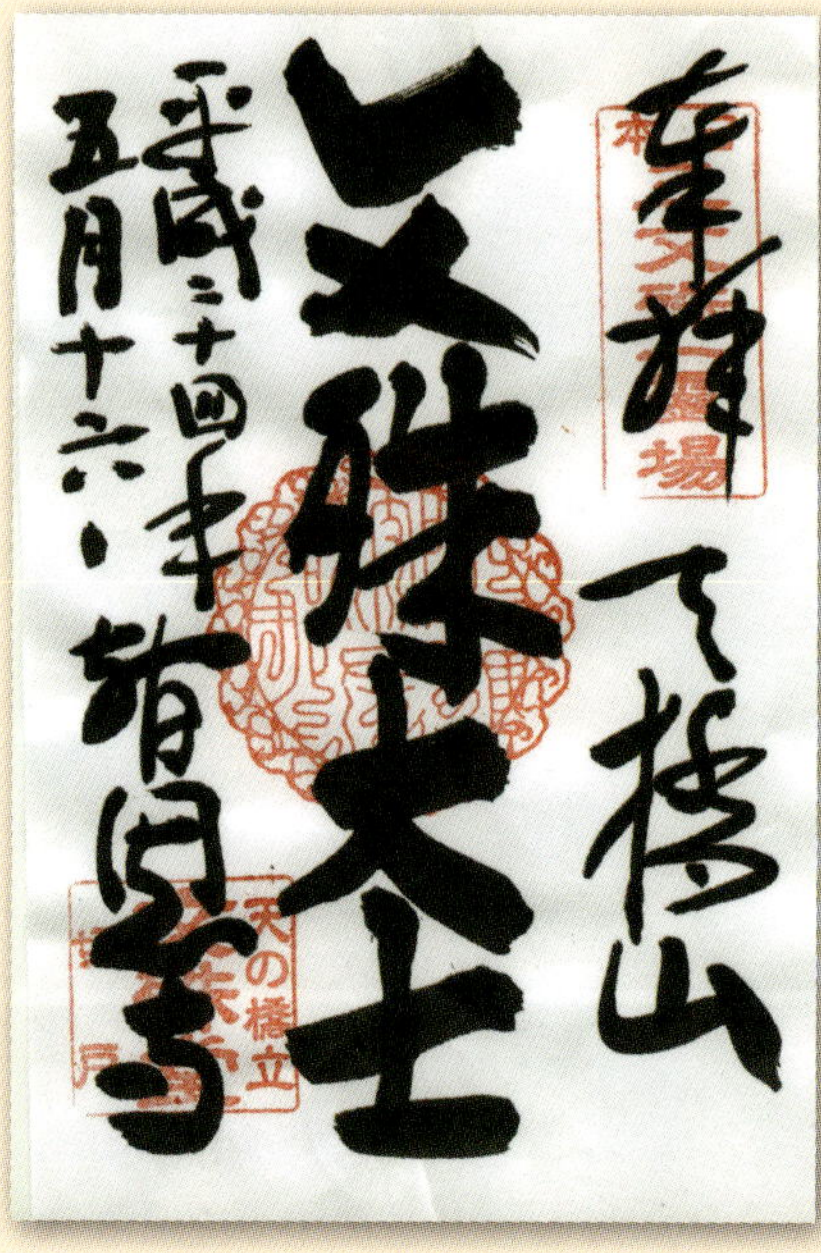

墨書
①奉拝
②天橋山
③文殊大士
④日付（平成二十四年五月十六日）
⑤智恩寺
朱印
⑥日本三文殊霊場
⑦仏法僧宝
⑧天の橋立　文殊堂　切戸

智恩寺《ちおんじ》（京都府）

京都・宮津市の天の橋立の入り口に建つ臨済宗寺院。本尊の文殊菩薩は「切戸《きりど》の文殊」と呼ばれ、安倍《あべ》文殊（奈良県）、亀岡《かめおか》文殊（山形県）とともに日本三文殊とされている。受験生が大勢訪れる。

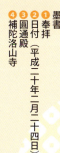

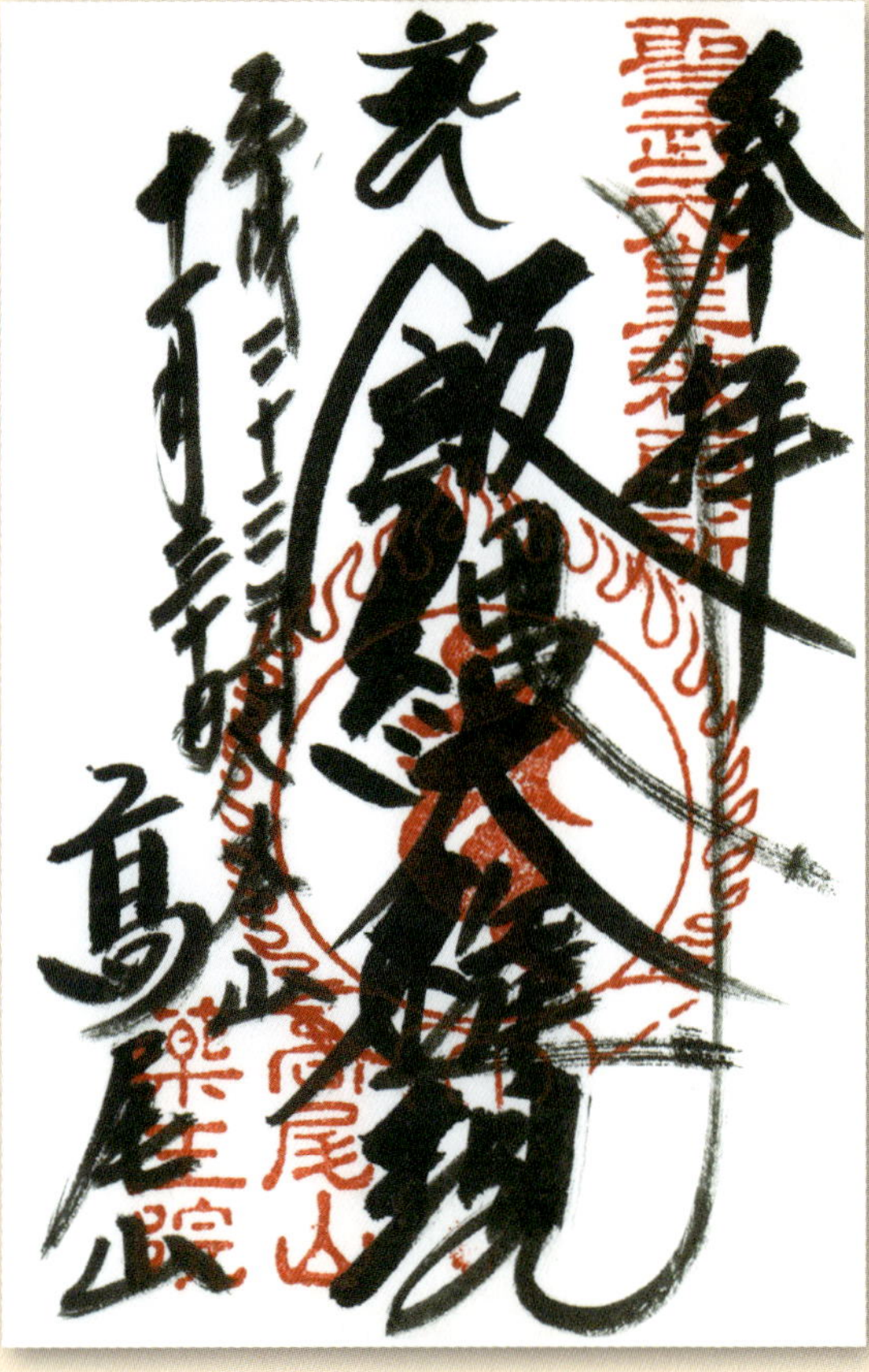

墨書
1 奉拝
2 （梵字）飯縄大権現
3 日付（平成二十三年十一月三十日）
4 大本山高尾山

朱印
5 聖武天皇勅願所
6 （梵字）
7 高尾山薬王院

高尾山薬王院《たかおさんやくおういん》（東京都）

いまでは登山客などで賑わう高尾山だが、古くから修験道《しゅげんどう》の山として知られている。薬王院は真言宗智山派の大本山。本尊の飯縄大権現《いづなだいごんげん》は、長野県の飯綱山への山岳信仰が原点とされ、戦国武将の信仰を集めた。

墨書
①奉拝
②下総国
③不動明王
④日付（平成二十年七月二十一日）
⑤成田山新勝寺
朱印
⑥成田山
⑦（梵字）
⑧神護新勝寺

成田山新勝寺《なりたさんしんしょうじ》（千葉県）

真言宗智山派の大本山。家内安全、交通安全などの祈祷のため、多くの参拝者が訪れる。特に節分時の参拝者は境内からあふれるほど。本尊は不動明王。高幡不動、大山不動とともに、関東の三不動に数えられる。

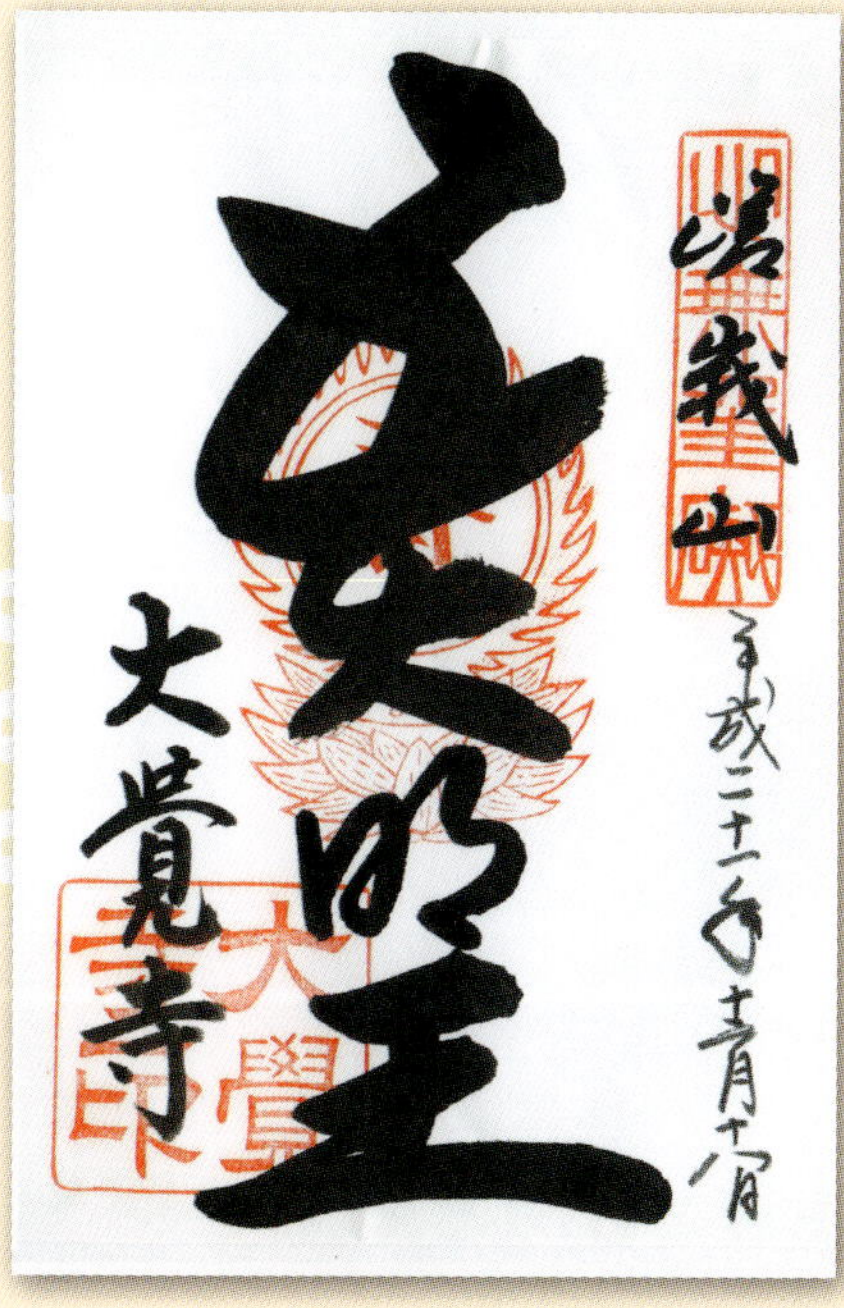

墨書
①嵯峨山
②日付（平成二十一年十二月十八日）
③五大明王
④大覚寺
朱印
⑤心無罣礙
⑥（梵字）
⑦大覚寺印

大覚寺《だいかくじ》（京都府）

旧嵯峨御所大覚寺門跡が正式名称。平安時代初期、嵯峨天皇の離宮として建てられたのが始まり。本尊は不動明王をはじめとする五人の明王（五大明王）。不動明王は、衆生を苦しめる災難や迷いの心を剣となわで断ち切る。近畿三十六不動尊第13番霊場。

神社編

神々を祀る神社

古事記・日本書紀に収められた神々たちについての話は、神社に付随して語られているストーリーが多数。神話と重ね合わせて神社のたたずまいや御朱印を見直してみると、さまざまな思いがかき立てられる。

神々が集うことから「縁結び」に御利益

縁結びの神として有名。旧暦10月に、大社で八百万の神々が集まるという伝承に由来する。御朱印は参拝、日付の墨書に、神社印「出雲大社」を配したシンプルなデザイン。なお、日付の廿は二十の大字。

墨書
①参拝
②日付
（平成二十九年十一月十七日）
朱印
③出雲大社

出雲大社《いずもたいしゃ》（島根県）

御祭神は大国主大神《おおくにぬしのおおかみ》。明治時代には全国で唯一、「大社」を名乗ることが許された。本殿は日本最古の神社建築様式「大社造り」。長さ8メートル、重さ1500キロの大しめ縄も有名。

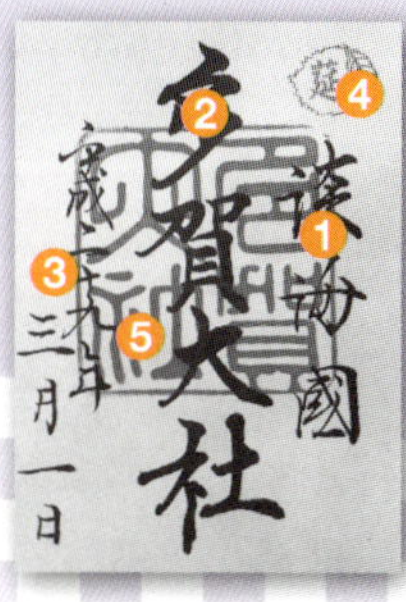

墨書
①淡海国
②多賀大社
③日付（平成二十九年三月一日）
朱印
④柏の葉に「莚」の文字
⑤多賀大社

多賀大社《たがたいしゃ》（滋賀県）

神に男女の区別が現われ、夫婦の道を始められたとする伊邪那岐《いざなぎ》・伊邪那美《いざなみ》が御祭神。古くから「お多賀さん」として親しまれている。神門と本殿のデザインがあしらわれたオリジナルの御朱印帳もある。

墨書
①天孫降臨之地
②日付（平成十九年十二月三日）
朱印
③天壌無窮
④霧島神宮

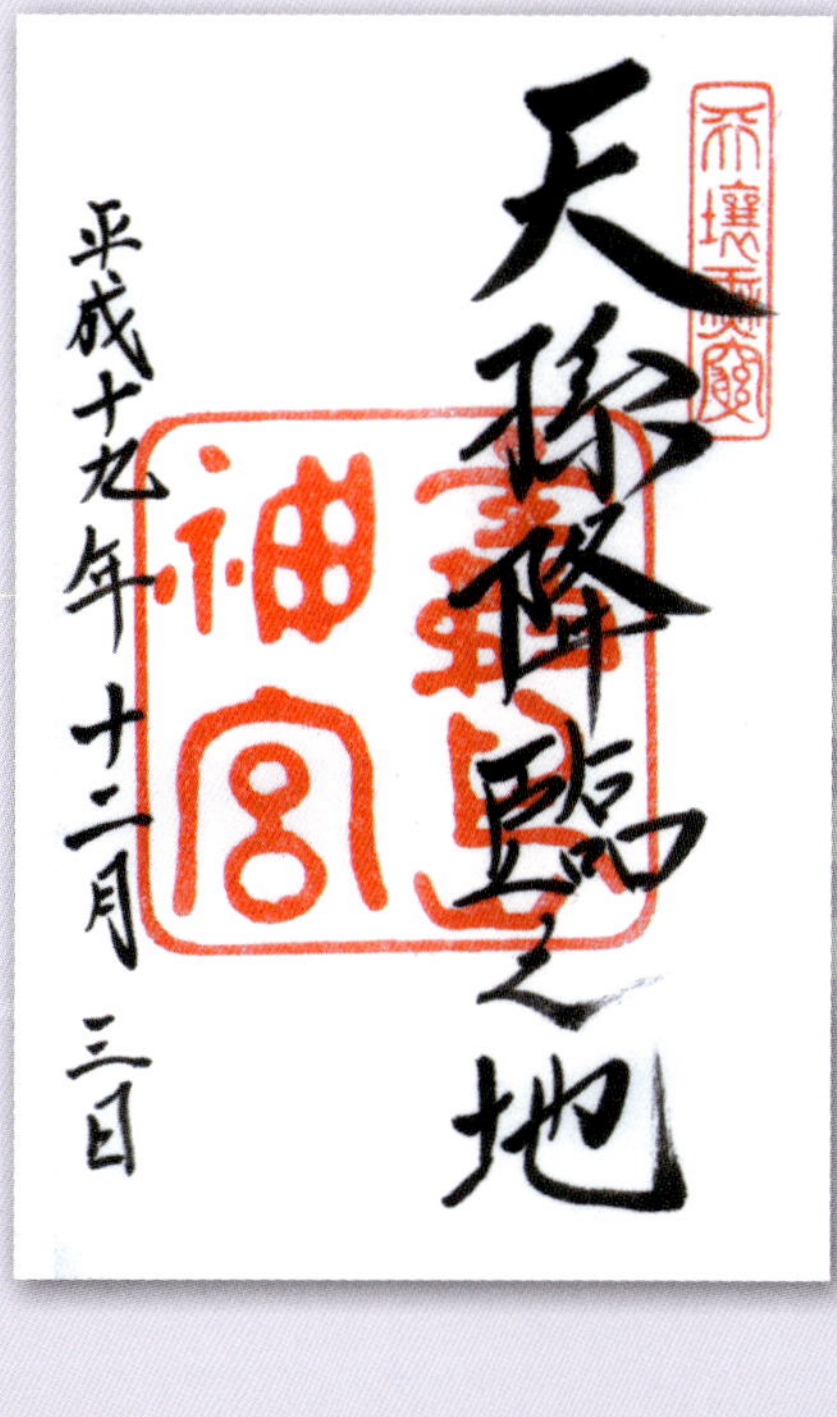

霧島神宮《きりしまじんぐう》（鹿児島県）

瓊瓊杵尊《ににぎのみこと》が主祭神。元は高千穂峰への山岳信仰から始まったと考えられる。眼にも鮮やかな華麗な朱塗りの社殿が印象的。特に本殿は内部も豪華に装飾され、「西の日光」の異名を持つ。

墨書
①奉拝
②鵜戸神宮
③日付（平成三十年二月一日）
朱印
④日向国名称鵜戸
⑤鵜戸神宮

鵜戸神宮《うどじんぐう》（宮崎県）

日向灘に面した断崖中腹の岩窟内に本殿が鎮座。主祭神に鸕葺草葺不合命《うがやふきあえずのみこと》を祀る。崖に沿って作られた石段を下って参拝する、神社としては珍しい「下り宮」となっている。

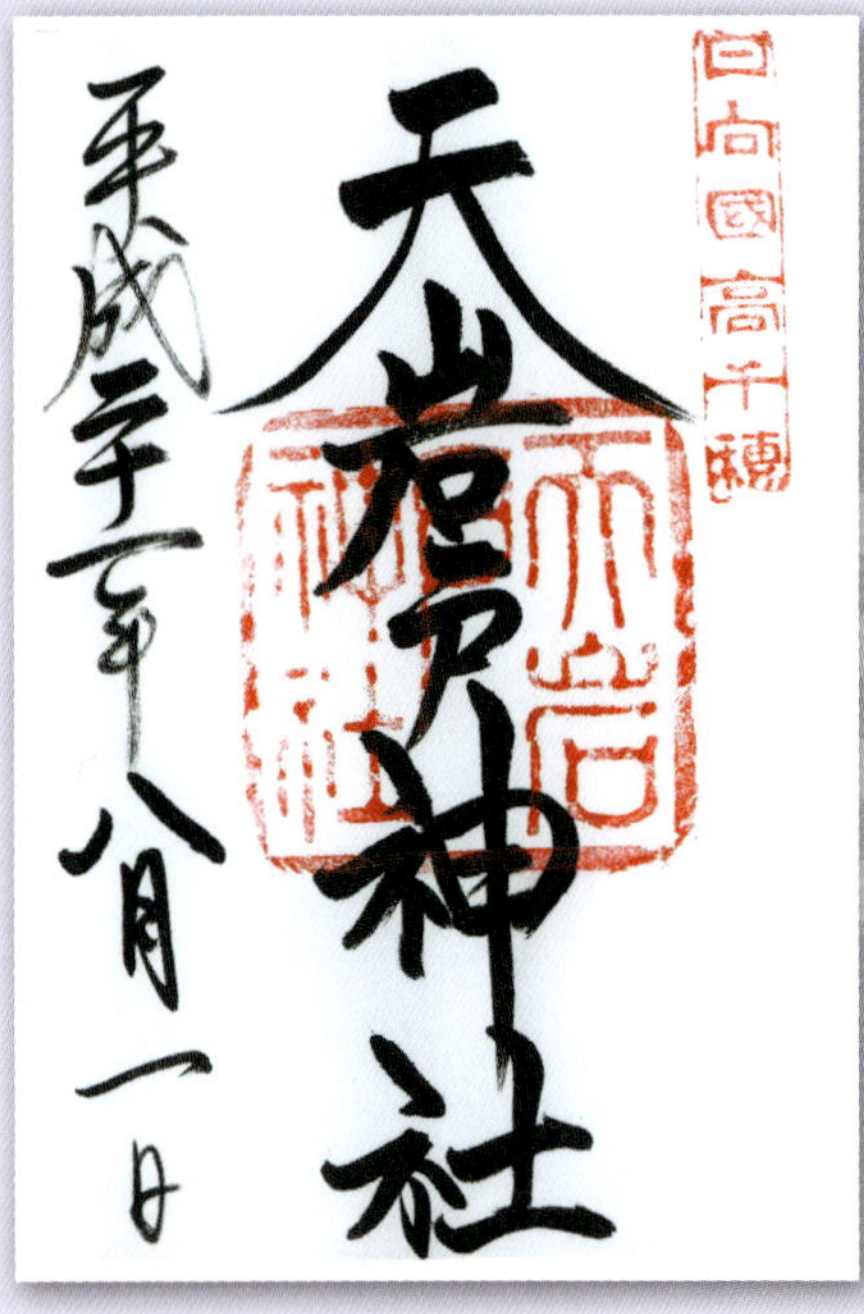

墨書
①天岩戸神社
②日付（平成二十一年八月一日）
朱印
③日向国高千穂
④天岩戸神社

天岩戸神社《あまのいわとじんじゃ》（宮崎県）

御祭神は天照大神《あまてらすおおみかみ》。岩戸川対岸の断崖中腹にある「天岩戸」と呼ばれる岩窟を神体とする。この岩窟は日本神話に登場する、天照大神が身を隠したことでよく知られる「天岩屋」であると伝えられる。

墨書
①日向之国七福神
②弁財天
③日付
（平成十五年十月八日）
朱印
④弁財天
⑤青島神社
⑥琵琶

神々を祀る神社

全国に八万以上ある神社で、神々は御祭神として祀られ、日本文化に大きな影響を与えている。神をあがめる習わしは、日本人のルーツや独自性となり、生活と強く結びつきながら、今日も脈々と受け継がれている。

弁財天と琵琶のデザインが印象的

御祭神は彦火火出見命《ひこほほでみのみこと》と、その妃神である豊玉姫命《とよたまひめのみこと》、そして塩筒大神《しおづつのおおかみ》。また、日向之国七福神霊場のなかの1柱で、弁財天を祀る。朱印には弁財天と、奏でられる琵琶がデザインされているのが印象的。

青島神社《あおしまじんじゃ》（宮崎県）

周囲1.5キロの青島の、ほぼ中央に鎮座する神社。青島全域が境内地で、島の亜熱帯性植物群落は、国の天然記念物に指定されている。江戸時代までは全島が禁足地とされていた。

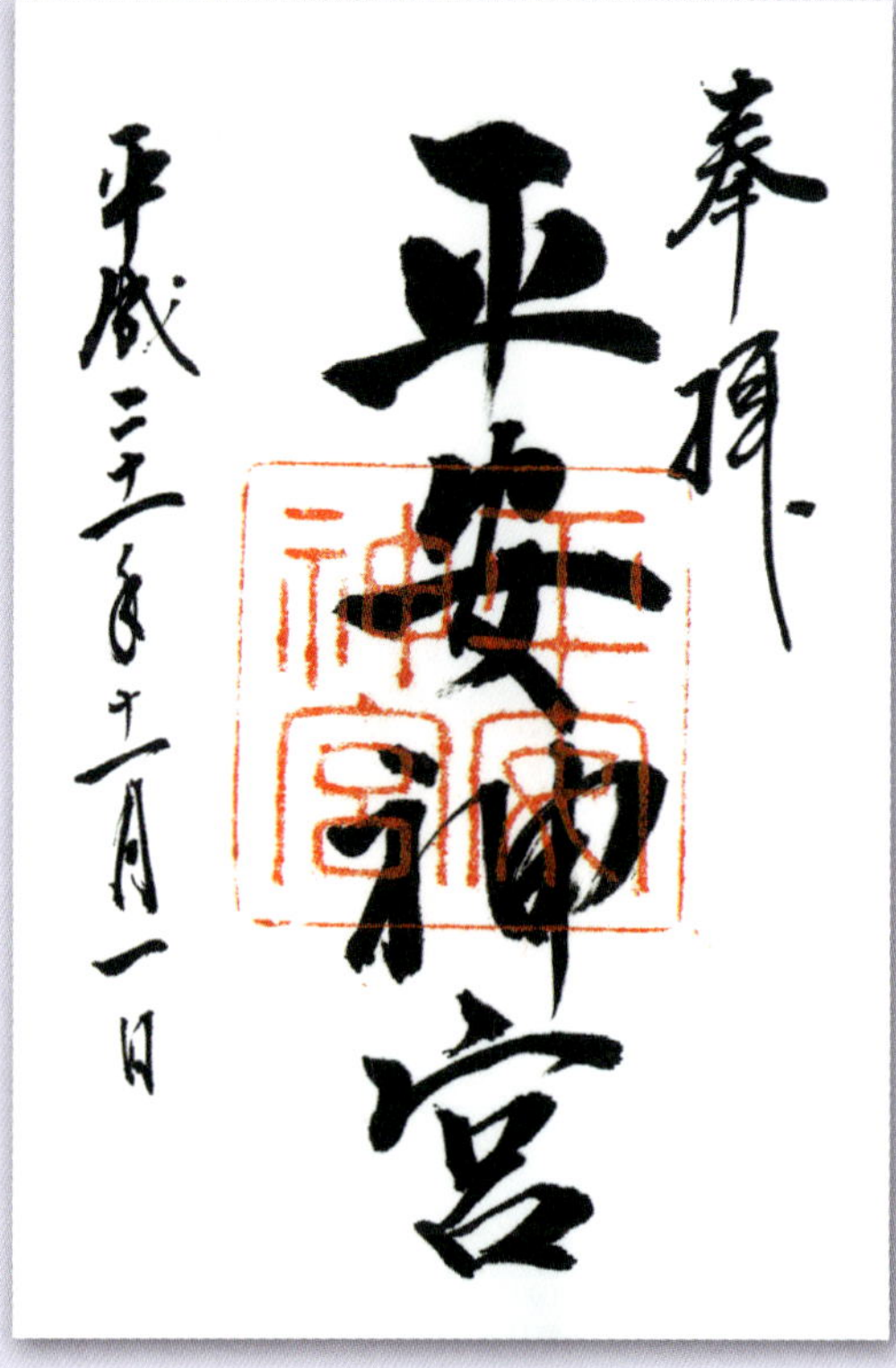

天皇を祀る神社

明治時代には、過去の天皇を御祭神とする神社が多数創建された。明治以降、天皇を御祭神とする神社は「神宮」と格付けされ、今なお「神宮」を名乗る神社は、特別の由緒を持つものに限られている。

墨書
①参拝
②平安神宮
日付
(平成二十一年十一月一日)
墨朱印
④平安神宮

朱色の社殿を彷彿とさせる上品な「平安神宮」の判

第50代桓武天皇が御祭神。天皇は、奈良・平城京の規模は国都として小さく適さないことを察し、京の地に、平安京を築いた。朱色の判が、同神宮を象徴する社殿の鮮やかなイメージと重なり合う。

平安神宮《へいあんじんぐう》（京都府）

平安遷都1100年を記念して創建。朱色の社殿は、平安京大内裏の正庁・朝堂院を縮小して復元されたもの。参道の大鳥居は24.2メートルの高さがあり、国の登録有形文化財に指定されている。

墨書
① 奉拝
② 宮崎神宮
③ 日付（平成二十三年二月十一日）
朱印
④ 日向宮崎
⑤ 宮崎神宮

宮崎神宮《みやざきじんぐう》（宮崎県）

初代神武天皇を祀る。古くは「神武天皇宮」「神武天皇社」などとも称された。広大な森に囲まれ、荘厳で、格式と歴史を感じさせるたたずまい。地元では「神武さま」と呼ばれ親しまれている。

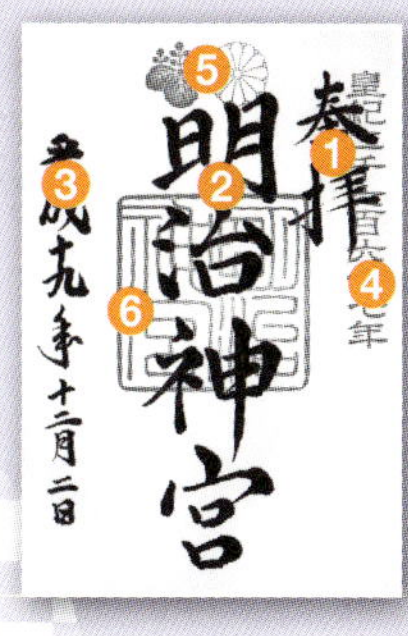

墨書
① 奉拝
② 明治神宮
③ 日付（平成十九年十二月二日）
朱印
④ 皇紀二千六百六十七年
⑤ 菊と桐の紋
⑥ 明治神宮

明治神宮《めいじじんぐう》（東京都）

御祭神は明治天皇と皇后の昭憲皇太后。東京の中心にあって静寂な地。初詣では、例年日本一の参拝者数を誇ることで知られる。なお、朱印の「皇紀」とは、神武天皇即位の年を元年と定めた紀元のこと。

歴史上の人物を祀る神社

歴史上の人物で後世の人々から神格化され、神社に祀られているケースは少なくない。武将や軍人のほか、功績を称えられ足跡を残した研究者など。御朱印を眺めながら、彼らに思いを馳せてみるのも趣深い。

徳川将軍の家紋「三つ葉葵の御紋」

江戸幕府の初代将軍である徳川家康を神格化した、東照大権現《とうしょうだいごんげん》を祀る。荘厳で豪華な造りの陽明門を含む国宝8棟、重要文化財34棟を有する。御朱印には、徳川家の「三つ葉葵の御紋」を右上に配置。

墨書
①奉拝
②日光東照宮
③日付（平成十七年六月十二日）

朱印
④三つ葉葵の御紋
⑤日光東照宮

日光東照宮《にっこうとうしょうぐう》（栃木県）

日本全国にある東照宮の代表的な存在。「日光の寺社」としてユネスコの世界遺産に登録されている。建物には「眠り猫」や「三猿」など、多様な動物の木彫り像を見つけることができる。

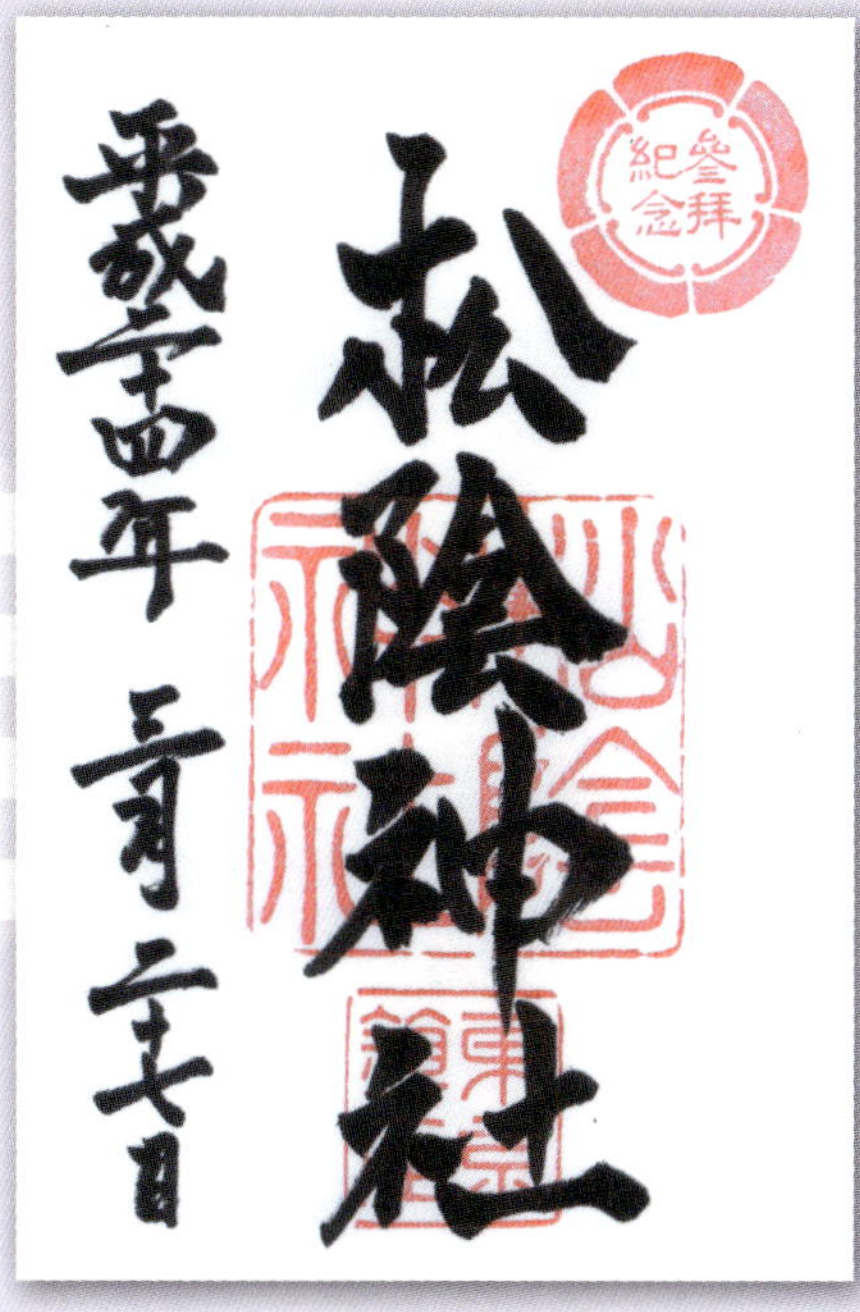

墨書
①松陰神社
②日付（平成二十四年三月二十七日）
朱印
③参拝紀念
④松陰神社
⑤東京鎮座

松陰神社《しょういんじんじゃ》（東京都）

幕末の思想家である吉田松陰が御祭神。学問の神として崇敬を受ける。松陰の墓所がある東京都世田谷区と、松陰の生誕地である山口県萩市の両方に存在。御朱印は「東京鎮座」「はぎ」の区別がある。

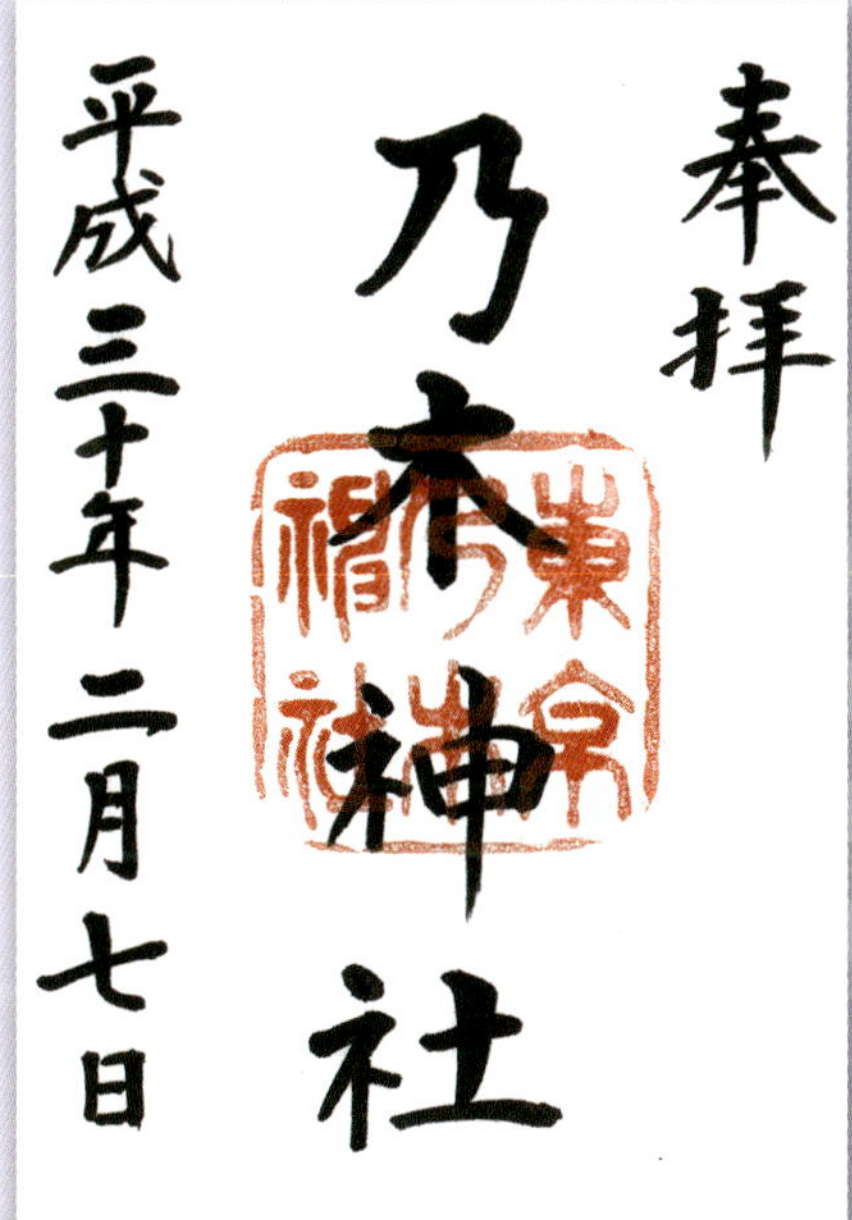

墨書
①奉拝
②乃木神社
③日付（平成三十年二月七日）
朱印
④東京乃木神社

乃木神社《のぎじんじゃ》（東京都）

明治時代に活躍した軍人である乃木希典将軍と、妻・静子夫人を祀る。明治天皇崩御の際に夫妻が自刃した邸宅の隣地に存在。2013年に御創建より100年の記念の年を迎える。

山の神を祀る神社

山には神が宿ると言われ、昔から多くの人々にあがめられてきた。日本最高峰の富士山を御神体とする富士山本宮を始め、全国には山に由来する神社が数多く存在する。

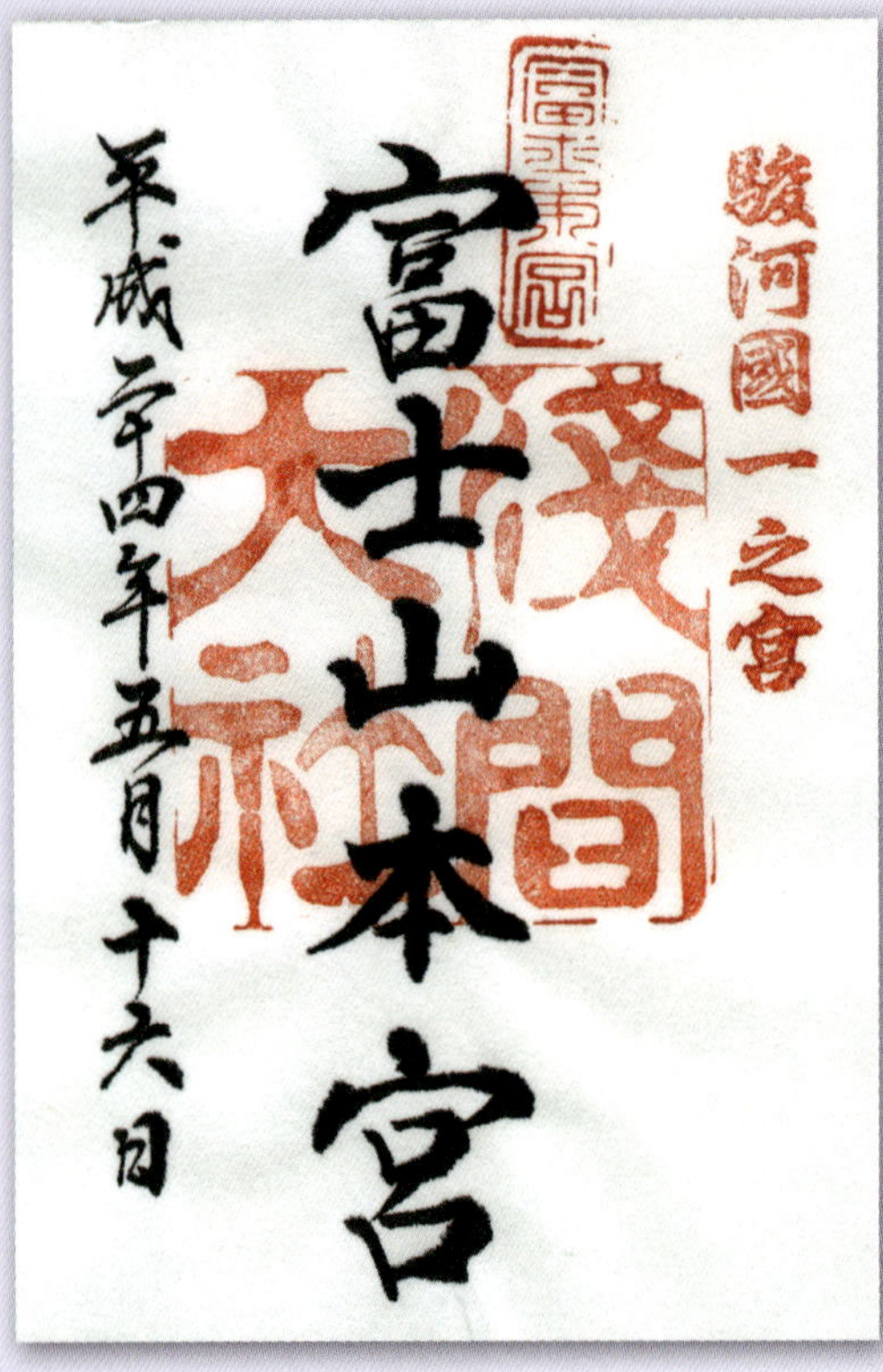

富士山を御神体とする浅間神社の総本宮

全国1300余りに及ぶ浅間神社の総本宮。駿河国一の宮として全国的な崇敬を集める東海の名社で、御朱印右上の「駿河國一之宮」の印が、格式の高さを物語っている。木花之佐《このはなのさ》久夜毘売命《くやひめのみこと》を祀る。

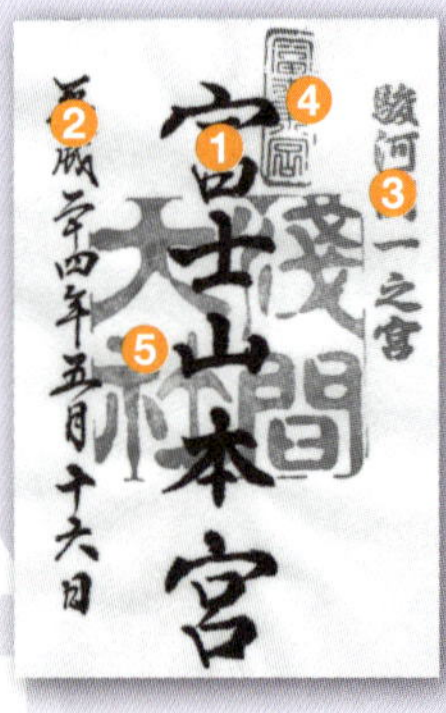

墨書
1 富士山本宮
2 日付（平成二十四年五月十六日）

朱印
3 駿河国一之宮
4 富士本宮
5 浅間大社

富士山本宮《ふじさんほんぐう》浅間大社《せんげんたいしゃ》（静岡県）

日本を代表する霊場。境内として、約1万7000坪に及ぶ広大な土地を有する。徳川家康の寄進による朱の社殿は、浅間造と呼ばれる独特のもの。奥宮は富士山の頂上にある。

墨書
①関東総鎮護
②大山阿夫利神社
③日付（平成三十年一月一日）
朱印
④関東大山阿夫利神社総鎮護
⑤阿夫利神社下社之印

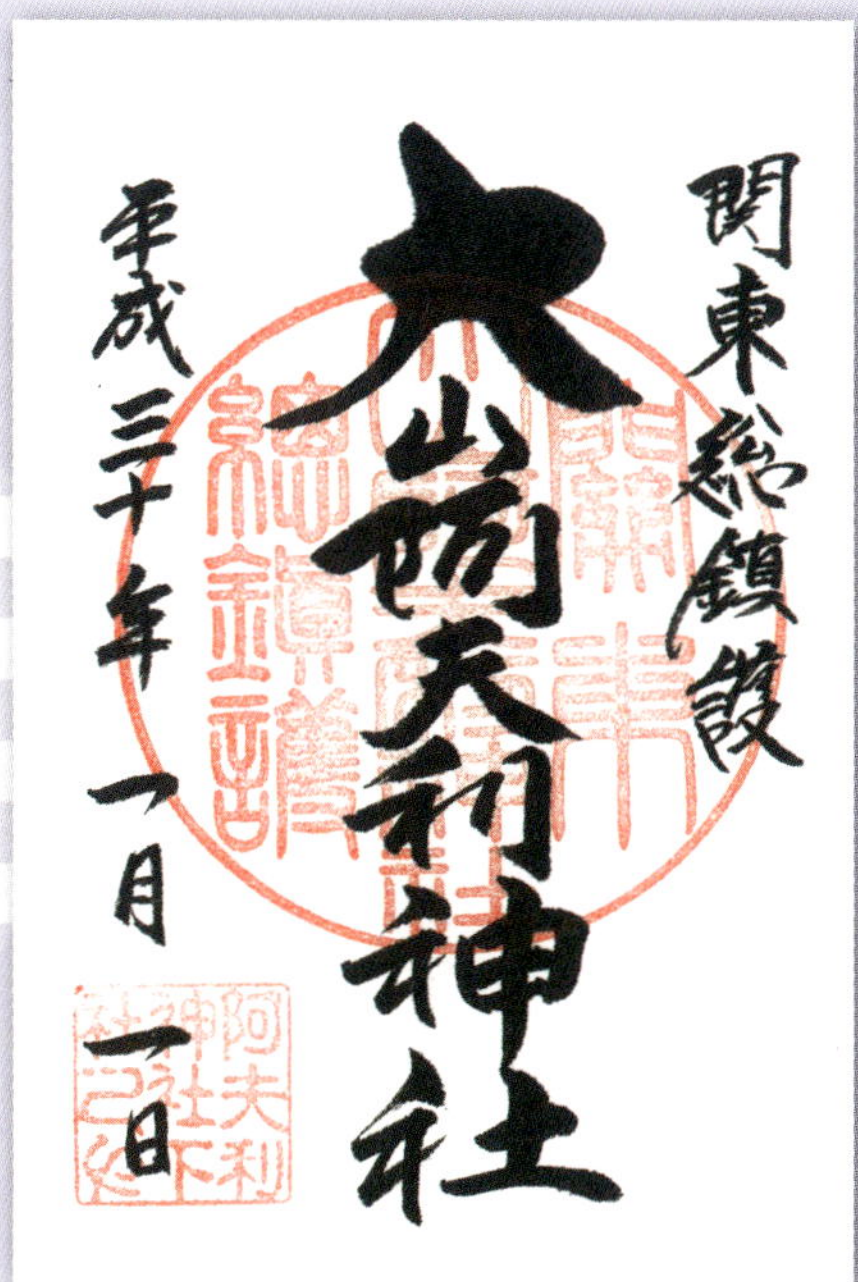

大山阿夫利神社《おおやまあふりじんじゃ》（神奈川県）

大山（別名あふり山）にある神社。本社に大山祇大神《おおやまつみ》、摂社奥社に大雷神《おおいかつち》、前社に高龗神《たかおかみ》を祀る。山頂からは祭りに使ったと考えられる縄文時代の土器片が出土していて、信仰の古さを物語っている。

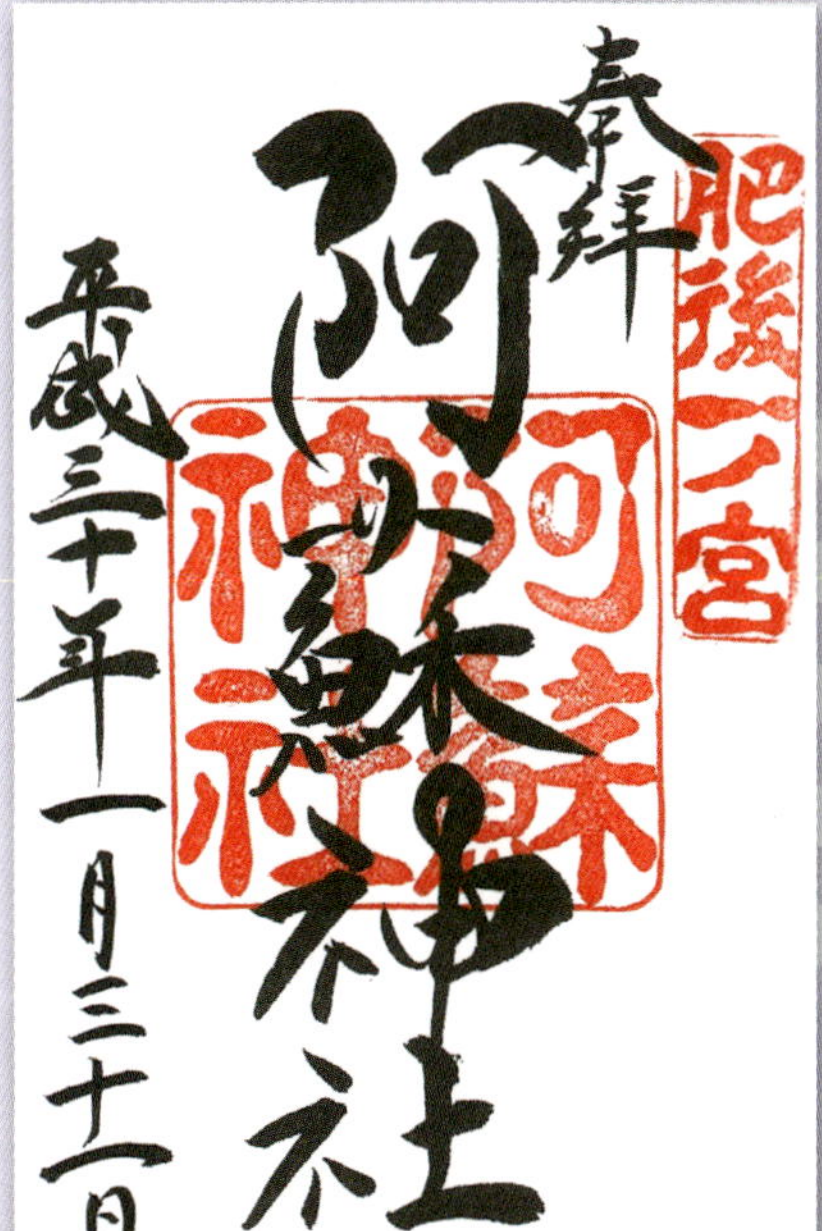

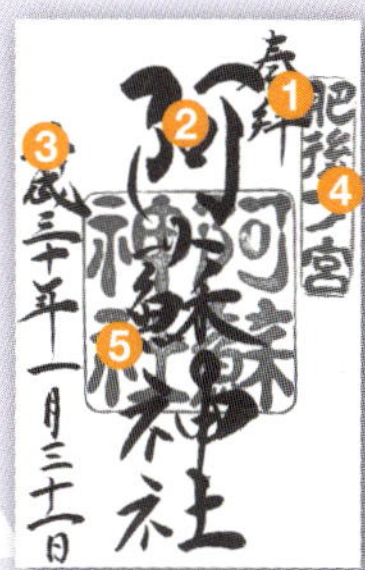

墨書
①奉拝
②阿蘇神社
③日付（平成三十年一月三十一日）
朱印
④肥後一ノ宮
⑤阿蘇神社

阿蘇神社《あそじんじゃ》（熊本県）

神武天皇の孫の健磐龍命《たけいわたつのみこと》、その妃神の阿蘇《あそ》都比咩命《つひめのみ》を始め、12柱の神を祀り「阿蘇十二明神」と総称する。参道が阿蘇山に向かって伸びていることから、火山である阿蘇山を信仰したと考えられる。

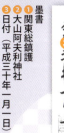

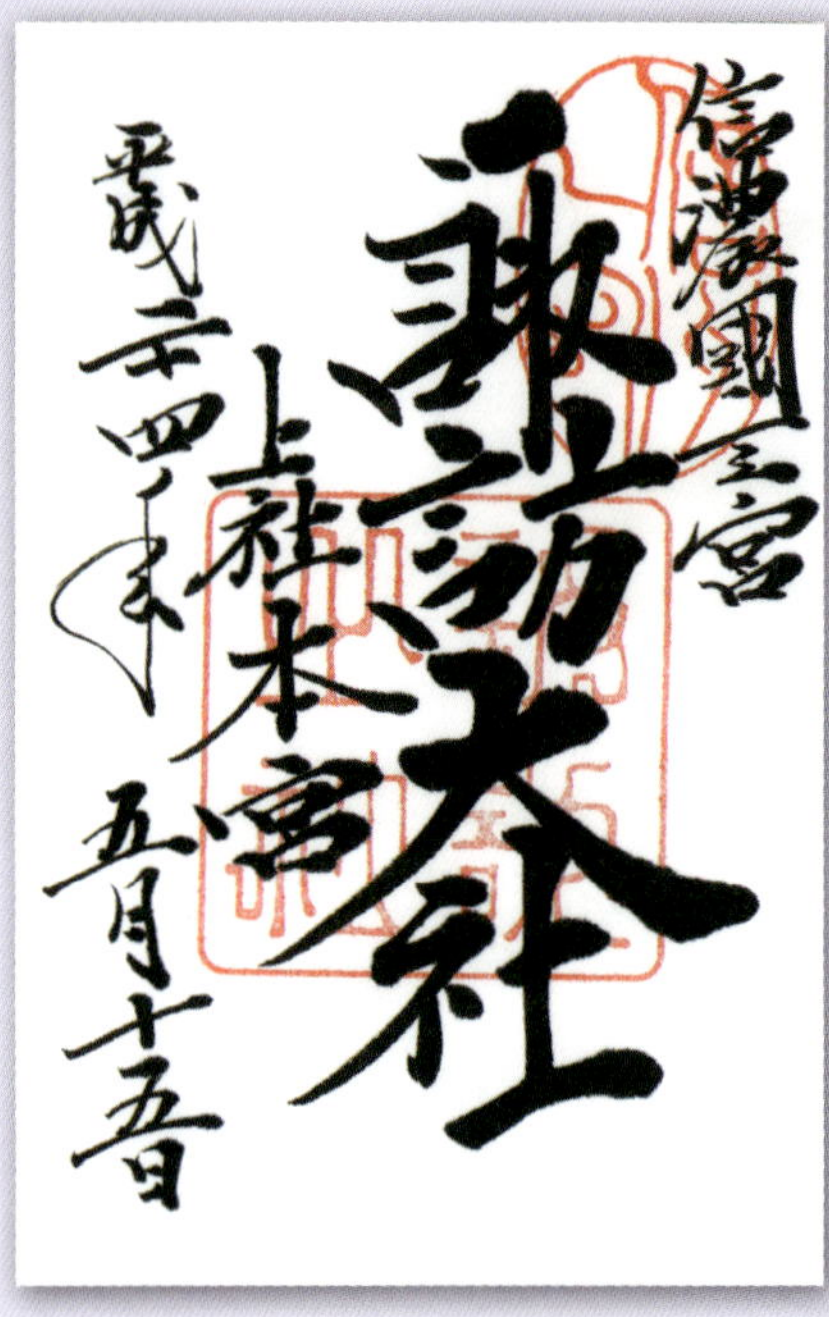

諏訪大社《すわたいしゃ》（長野県）

全国に一万有余ある諏訪神社の総本社。徳川家康が造営寄進したという四脚門《よつあしもん》などの貴重な建造物が数多く存在。本殿と呼ばれる建物はなく、上社は御山を御神体としている。

墨書
①信濃国一之宮
②諏訪大社
③日付（平成二十四年五月十五日）
④上社本宮

朱印
⑤信州一宮
⑥諏訪大社

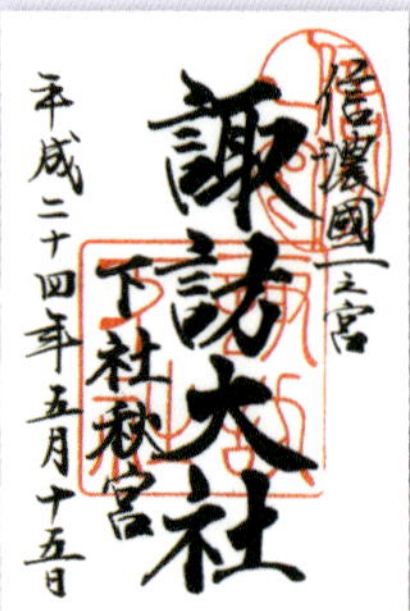

下社秋宮。一位の木を御神木として拝する

下社春宮。杉の木を御神木として拝する

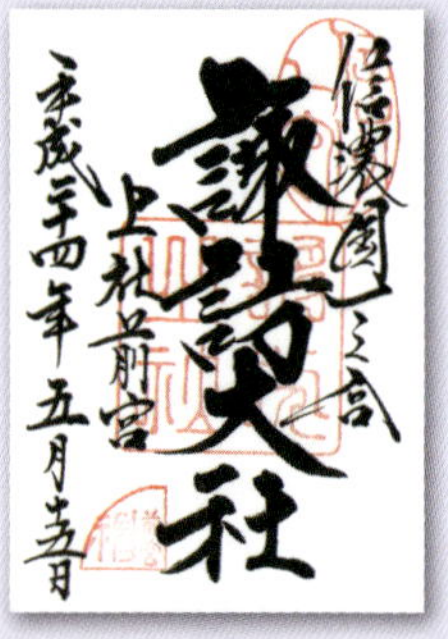

上社前宮。諏訪信仰発祥の地と伝えられる

微妙にデザインが異なる計４種類の御朱印

計４種類の御朱印。それぞれのデザインは少しずつ違っていて、上社前宮の左下には「前宮神」の印。下社春宮は、一の宮の印と社印がひとつになっていて、中央に「信州一之宮諏訪大社」と押されている。

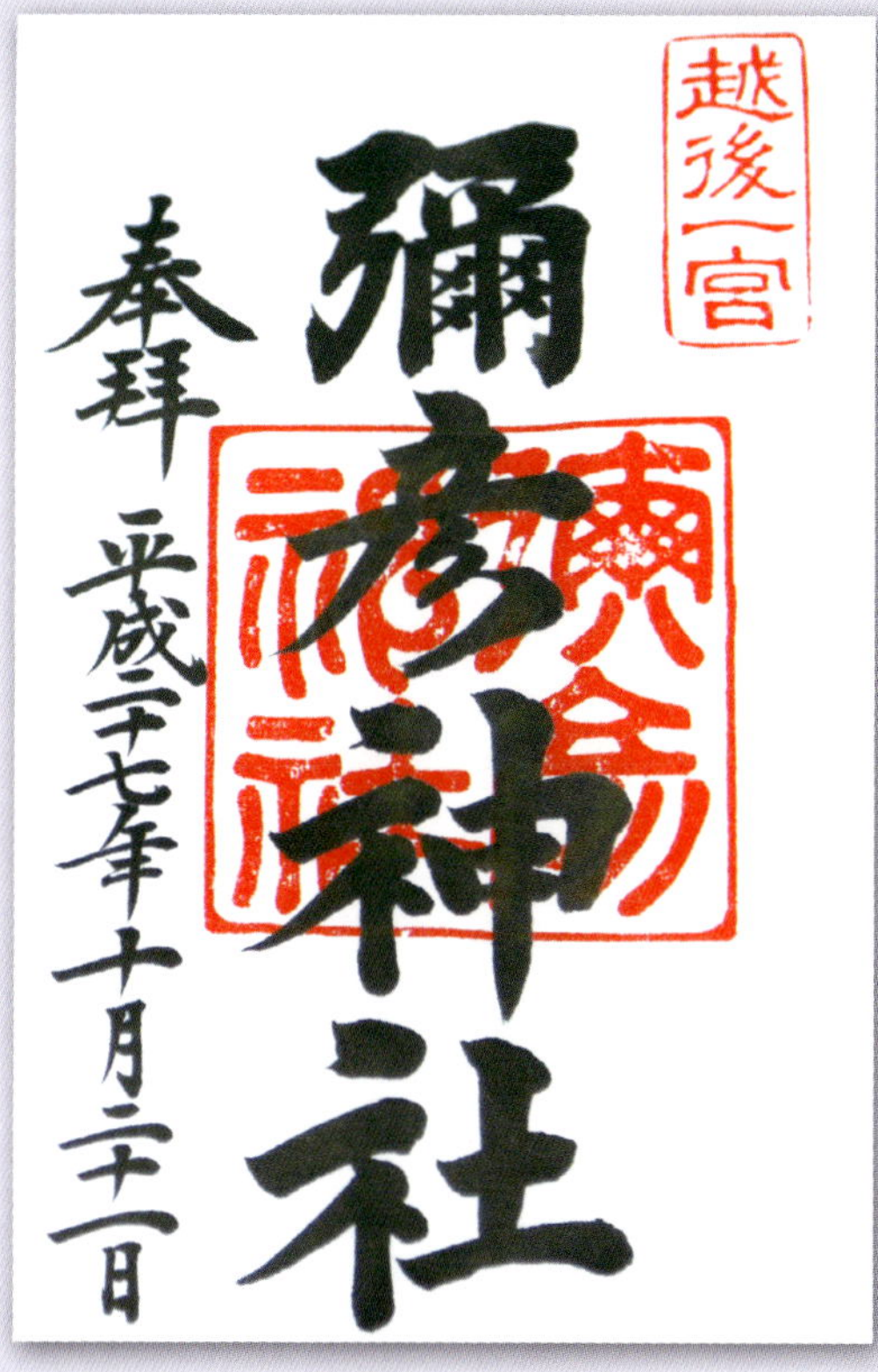

一の宮

地域の中で最も社格の高いとされる神社を一の宮と称する（以下二の宮、三の宮）。国司が任国内の各神社に巡拝する順番というのが格付けが起こったとされる通説。今も各社で「○○国一の宮」を名乗っている。

万葉集にも歌われる由緒ある社。山頂の奥宮には別の御朱印も

万葉集にも歌われる古社だが、創建年代は不詳。社宝として宝物館に展示されている日本有数の長大な志田大太刀《しだのおおたち》（日本刀）は重要文化財。山頂の御神廟《ごしんびょう》（奥宮）では別の御朱印もいただける。

墨書
①彌彦神社
②奉拝
③日付（平成二十七年十月二十一日）

朱印
④越後一宮
⑤彌彦神社

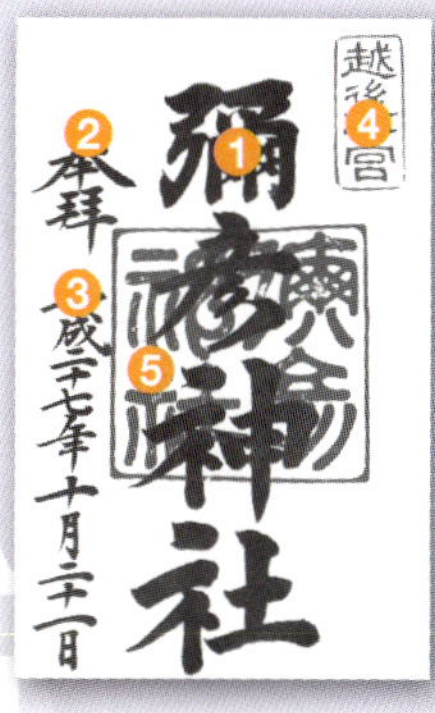

彌彦神社《いやひこじんじゃ》（新潟県）

越後国開拓の祖神である伊夜彦神を祀る。弥彦山の麓に位置し、弥彦山全体を神域とする。社殿左手の「万葉の道」は弥彦山の登山道へと続き、趣きあふれる植物観察道になっている。

墨書
①奉拝
②下総国一之宮
③日付（平成三十年一月一日）
朱印
④香取神宮

香取神宮《かとりじんぐう》（千葉県）

全国に約400社ある香取神社の総本社。御祭神は経津主大神《ふつぬしのかみ》。平安時代に「神宮」の称号で呼ばれたのは、伊勢、鹿島、香取の三神宮だけ。中国・唐時代の作「海獣葡萄鏡《かいじゅうぶどうきょう》」は国宝に指定されている。

墨書
①八方除
②寒川神社
③日付（平成三十年二月三日）
朱印
④相模国寒川神社一之宮

寒川神社《さむかわじんじゃ》（神奈川県）

寒川比古命《さむかわひこのみこと》、寒川比女命《さむかわひめのみこと》が御祭神で、この二柱の神を「寒川大明神」と称する。大難は小難、小難は無難に過ごせるようにと、八方除の守護神として、多くの参拝者を集めている。

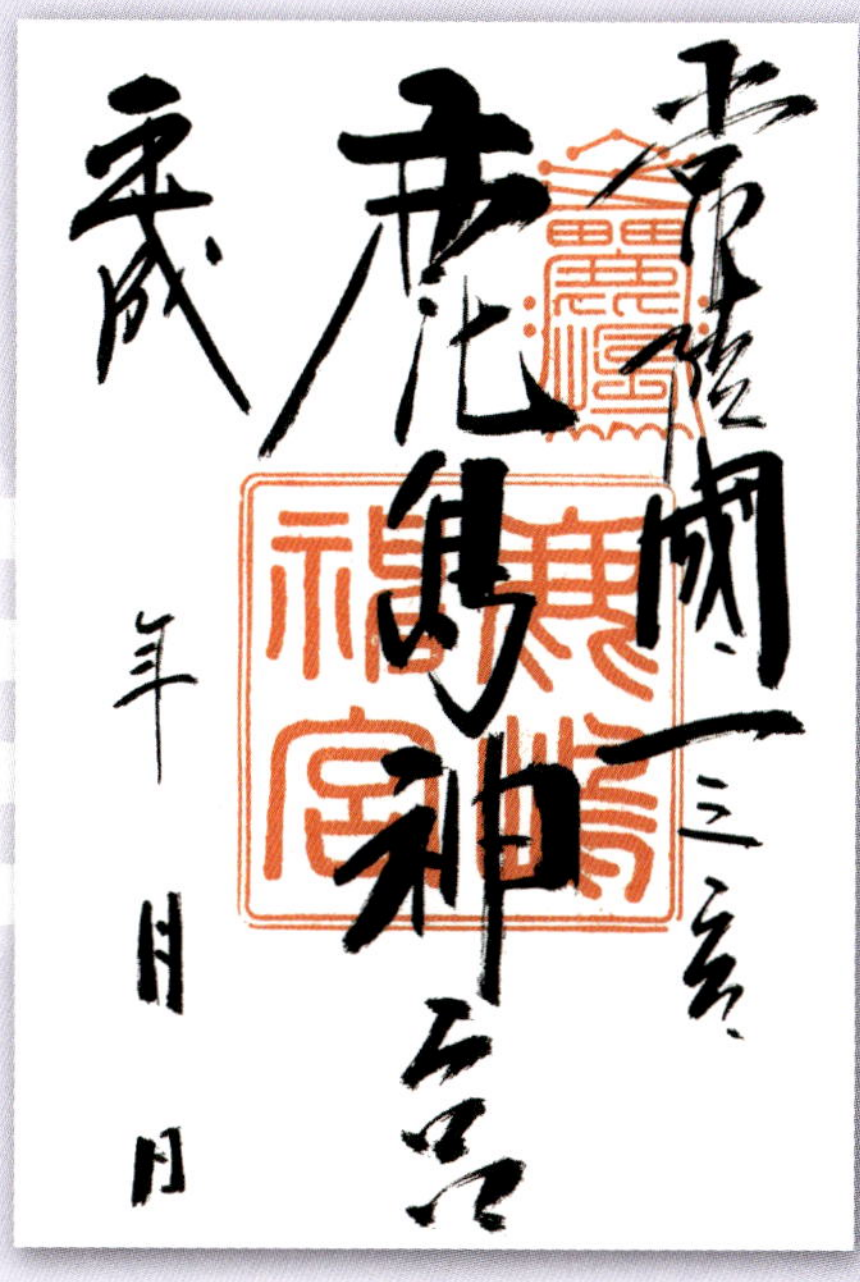

墨書
❶常陸国一之宮
❷鹿島神宮
❸日付
朱印
❹鹿島
❺鹿島神宮

鹿島神宮《かしまじんぐう》（茨城県）

全国に600以上あるとされる鹿島神社の総本社。御祭神は武甕槌大神《たけみかづちのおおかみ》。地震を起こす大なまずを押さえつける「要石《かなめいし》」は、見た目は小さいが地中部分は大きく、決して抜くことはできないと伝えられる。

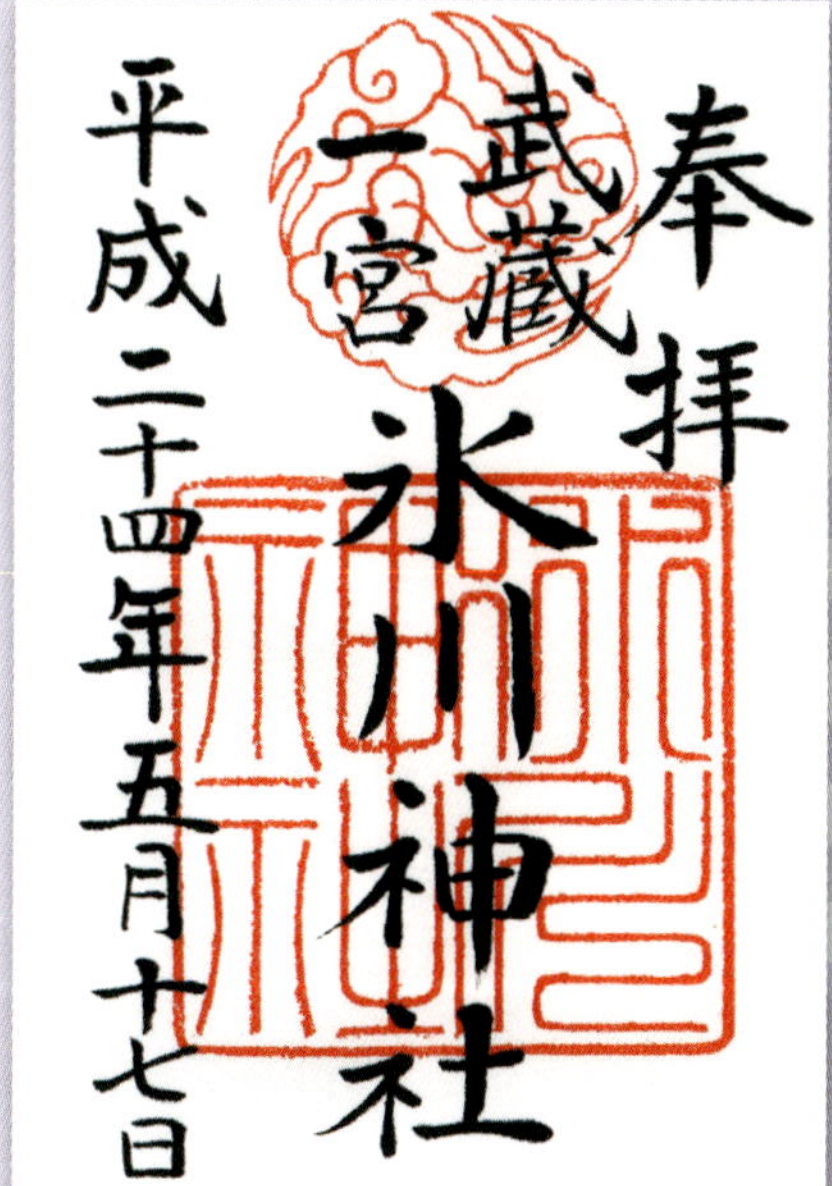

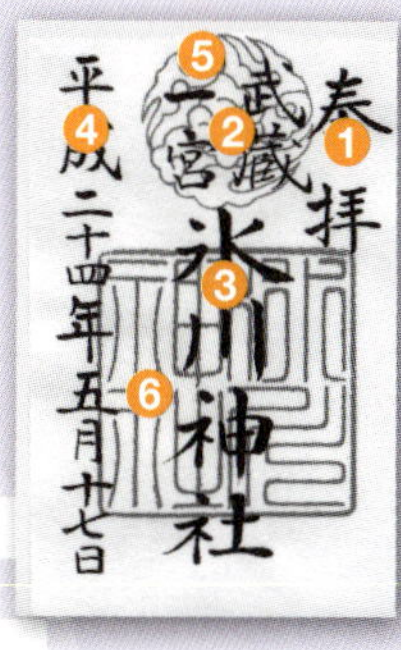

墨書
❶奉拝
❷武蔵一宮
❸氷川神社
❹日付（平成二十四年五月十七日）
朱印
❺八雲の印
❻氷川神社

氷川神社《ひかわじんじゃ》（埼玉県）

武蔵近辺に200社以上ある氷川神社の総本社。さいたま市の大宮の地名は、当社を「大いなる宮居」と称えたことに由来。2キロに及ぶ表参道はほぼ南北に延びており、「氷川参道」と呼ばれている。

墨書
①奉拝
②日付（平成二十四年五月二十日）
朱印
③三嶋大社

三嶋大社《みしまたいしゃ》（静岡県）

伊豆国の一宮。御二柱の神を崇め「三嶋大明神」と称する。奈良時代の古書にも記録が残る非常に由緒ある大社。境内の金木犀は国内で最古、最大のものとして国の天然記念物。

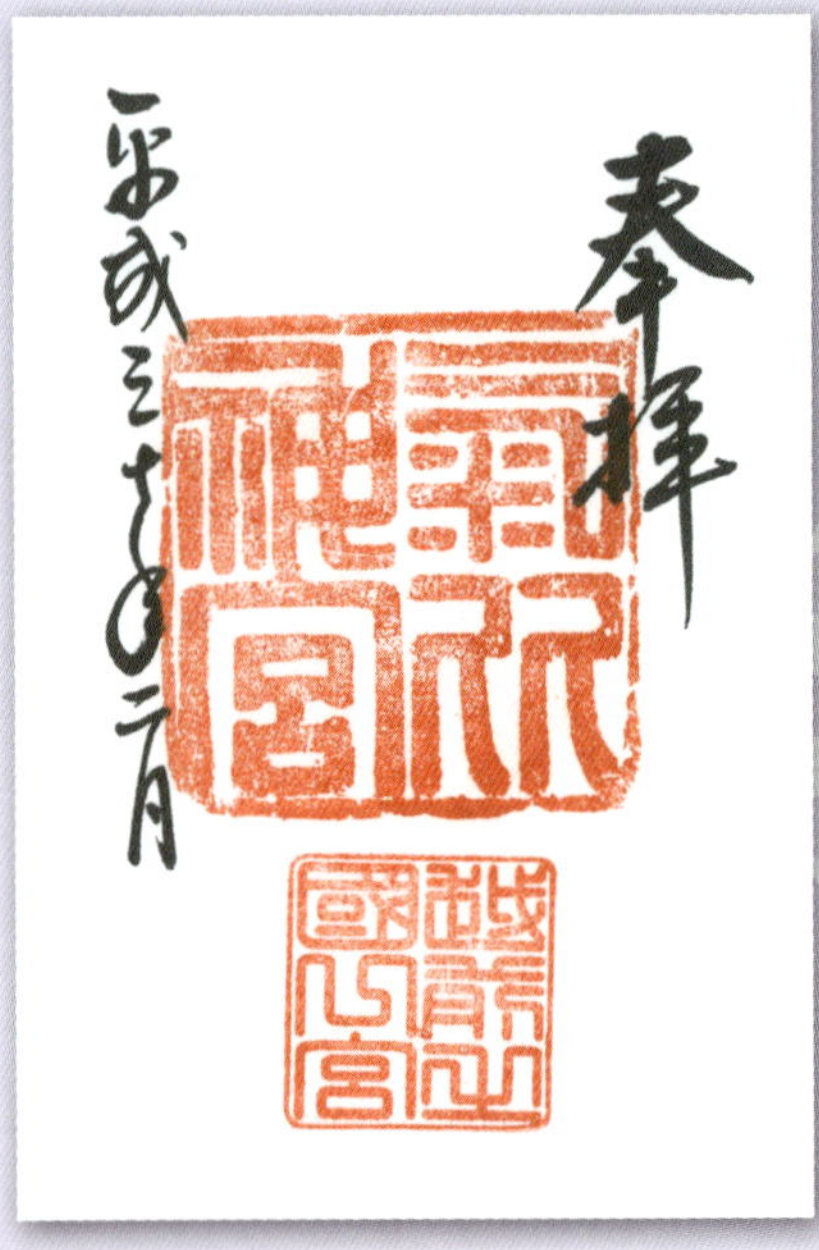

墨書
①奉拝
②日付（平成三十年二月）
朱印
③氣比神宮
④越前之国一宮

氣比神宮《けひじんぐう》（福井県）

伊奢沙別命《いざさわけのみこと》が主祭神。史上に姿を現す記事は日本書紀に見つけられるが、かなり古くから鎮座していたのは確か。氣比神宮大鳥居は、春日大社、厳島神社の大鳥居と並ぶ「日本三大鳥居」と言われている。

墨書
❶大和国一之宮
❷大神神社
❸日付（平成二十一年一月七日）
朱印
❹大和三輪山
❺大神神社

大神神社《おおみわじんじゃ》（奈良県）

大物主大神《おおものぬしのおおかみ》を祀る。日本神話による創建の由緒や、大和朝廷創始から存在する理由などから「日本最古の神社」と称される。三輪山が御神体。今日でも本殿を持たず、拝殿から山を仰ぎ見て崇拝する。

墨書
❶大隅国一之宮
❷日付（平成三十年二月一日）
朱印
❸大隅国一ノ宮
❹鹿児島神宮印

鹿児島神宮《かごしまじんぐう》（鹿児島県）

鹿児島神宮は、神話「海幸彦・山幸彦」伝承の地であり、また、俗に「大隅正八幡」とも呼ばれる。御神馬を先頭にたくさんの鈴懸馬が踊りながら参拝する初午祭《まつうまさい》は全国的に有名。

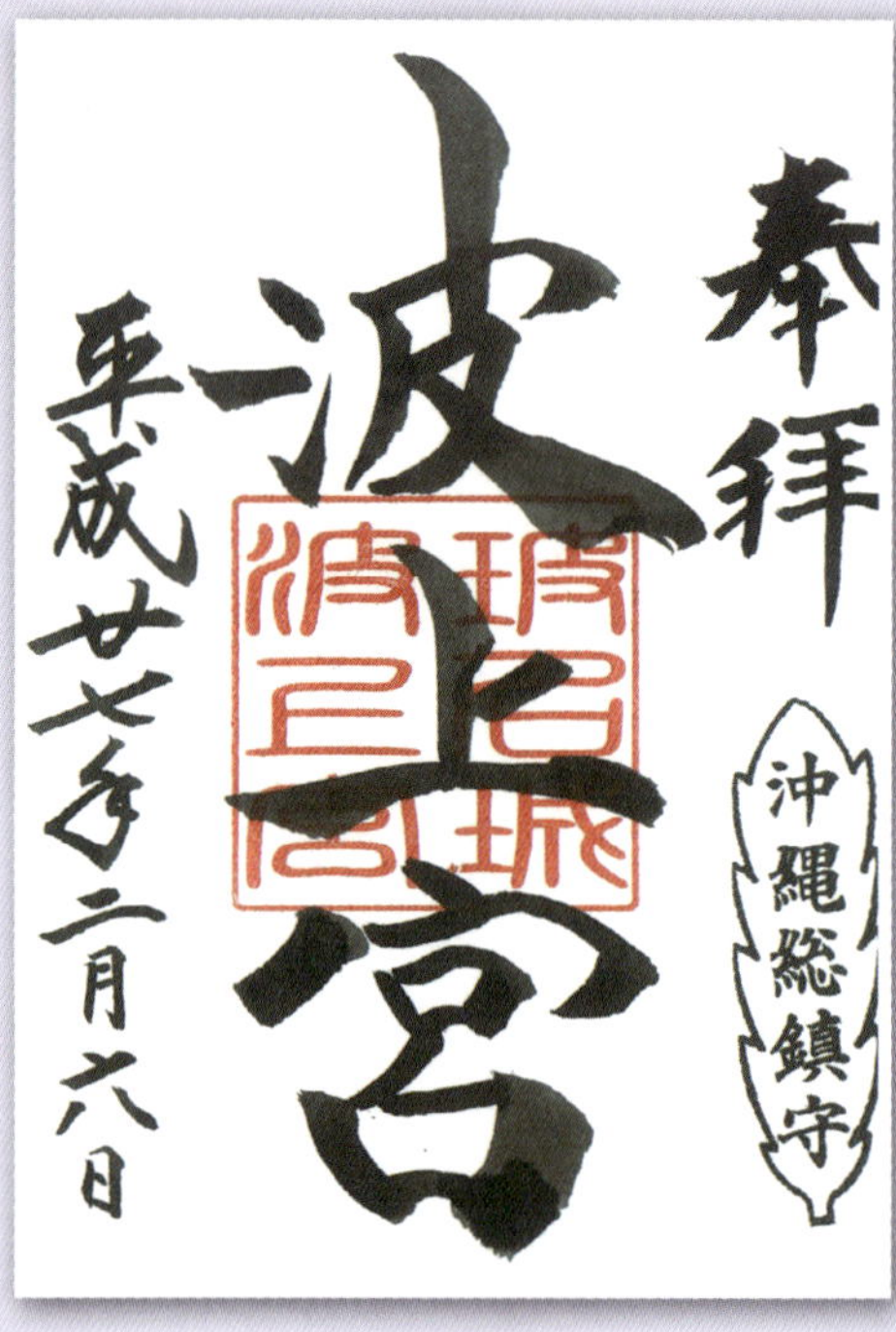

新一の宮

全国一之宮会が、近世以後に新たに発展した神社として新一の宮を制定。平安期には「蝦夷」「みちのく」「琉球」と呼ばれた地域にも、現在は新一の宮が定められ、由緒のある神社としてあがめられている。

南国ムードたっぷりの史跡・名勝文化財

御朱印の右上には「沖縄総鎮守」の墨印。朱印は「ハナグスクバジョウグウ」と読む。南国情緒溢れる神社で、敷地一帯を那覇市が史跡・名勝文化財に指定。人々から信仰の場としてあがめられている。

墨書
①奉拝
②波上宮
③日付
（平成二十七年二月六日）

墨印
④沖縄総鎮守

朱印
⑤玻名城波上宮

波上宮《なみのうえぐう》（沖縄県）

海神の国（ニライカナイ）の神々に、豊漁と豊穣に恵まれた平穏な生活を祈ったのが由来とされる。海のすぐそばにあり、崖の上に鎮座。景勝地として「なんみんさん」と呼ばれ親しまれている。

①北門鎮護
②日付（平成三十年一月一日参拝）
朱印
③岩木山神社

岩木山神社《いわきやまじんじゃ》（青森県）

「お岩木さま」「お山」と親しまれ、陸奥津軽の開拓の神、農海産物の守護神としてあがめられる。鎌倉時代の密教道場の構造を持つ社殿には、桃山時代の精巧な彫刻が施され「奥の日光」とも称される。

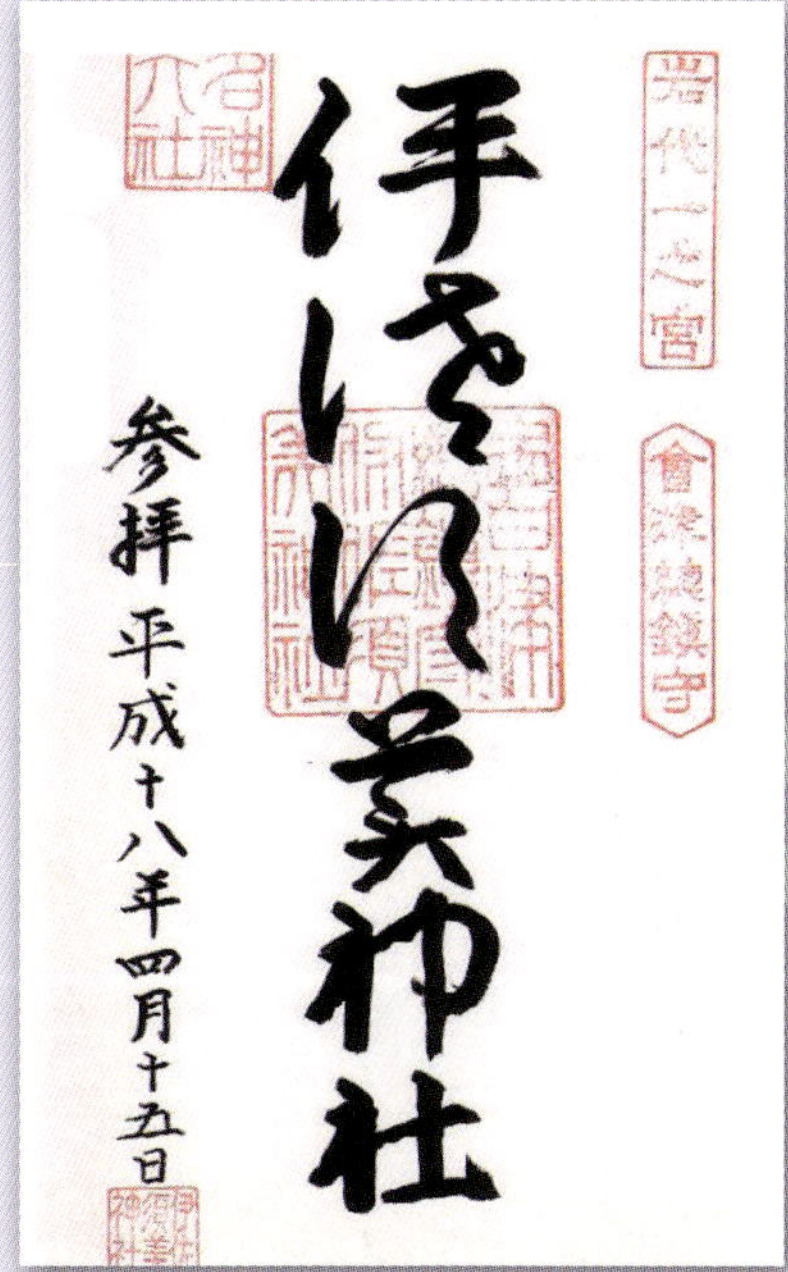

墨書
①伊佐須美神社
②参拝
③日付（平成十八年四月十五日）
朱印
④岩代一之宮
⑤会津総鎮守
⑥会津総鎮守伊佐須美神社
⑦名神大社
⑧伊佐須美神社

伊佐須美神社《いさすみじんじゃ》（福島県）

古くから奥州地方屈指の名神大社で、岩代国一之宮会津総鎮守として信仰を集める。会津開拓の主として祀られた国生み神話の伊邪那岐《いざなぎ》・伊邪那美《いざなみ》の夫婦神が 神社の名前の由来。

その他の神社

三つの神社を合わせた御朱印や、熊野詣でで知られる熊野那智大社、長く続く参道の石段が有名な金毘羅宮など、日本人に馴染みの深い神社を取り上げる。

墨書
1 奉拝
2 出羽三山神社
三神合祭殿
3 日付
（平成十五年八月二十一日）

朱印
4 出羽三山
羽黒山霊場

3社の神を併せ祀る三神合祭殿の御朱印

月山、羽黒山、湯殿山の3つで出羽三山。それぞれの山頂に神社があり、総称して出羽三山神社という。羽黒山に3社の神を併せて祀る祭殿があり、御朱印には「三神合祭殿」の墨書を見つけられる。

出羽三山神社《でわさんざんじんじゃ》（山形県）

国宝の羽黒山五重塔、重要文化財の羽黒山三神合祭殿など見どころが豊富。多くの観光客が参拝に訪れ賑わっている。羽黒山のスギ並木は特別天然記念物。山頂の三神合祭殿まで通じている。

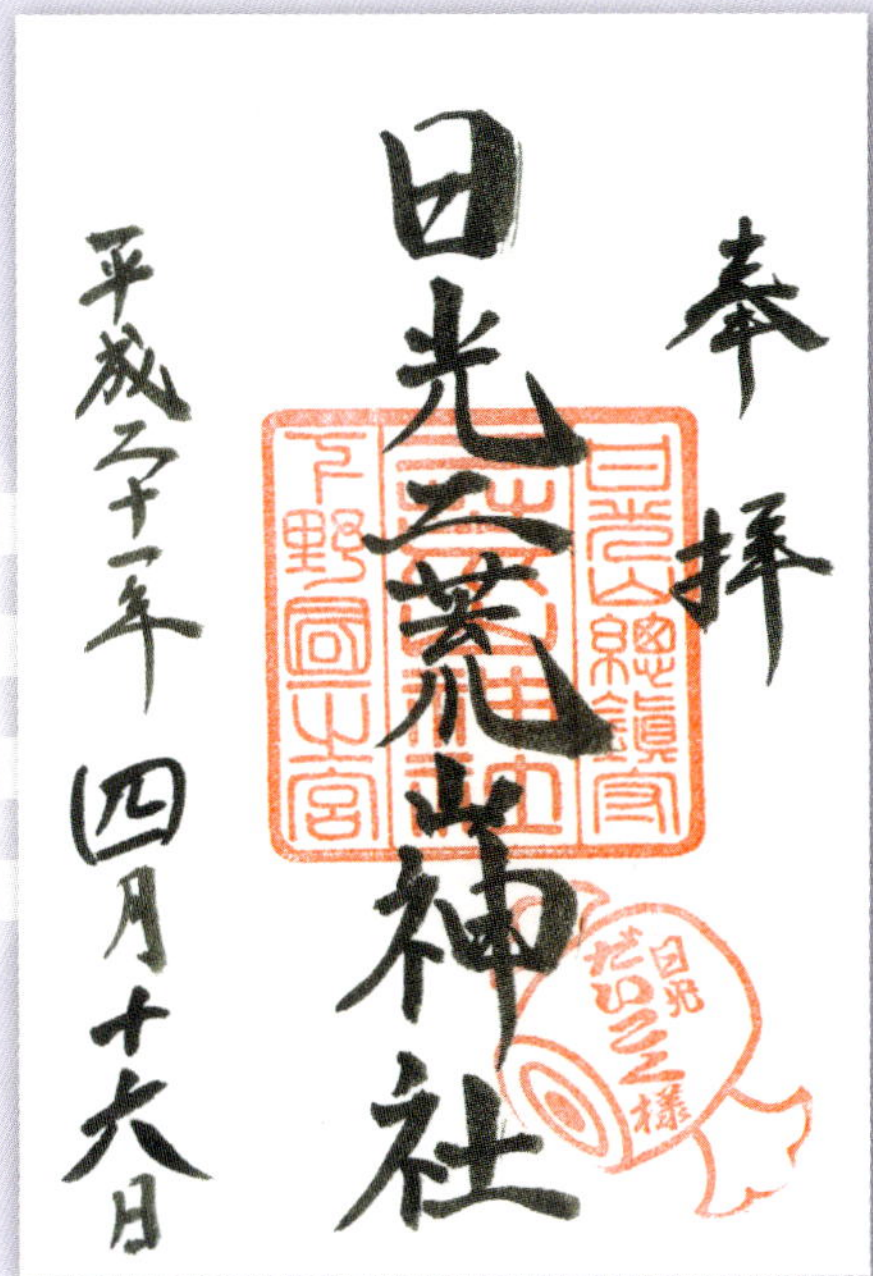

墨書
①奉拝
②日光二荒山神社
③日付（平成二十一年四月十六日）
朱印
④日光山総鎮守二荒山神社下野國一之宮
⑤日光だいこく様の印

日光二荒山神社《にっこうふたらさんじんじゃ》（栃木県）

大己貴命《おおなむちのみこと》、田心姫命《たごりひめのみこと》、味耜高彦根命《あじすきたかひこねのみこと》の、日光にある３つの山の神を総称して二荒山大神と称し、主祭神としている。深い緑に囲まれた神社本殿は重要文化財。御朱印は本社を含め計７種類がある。

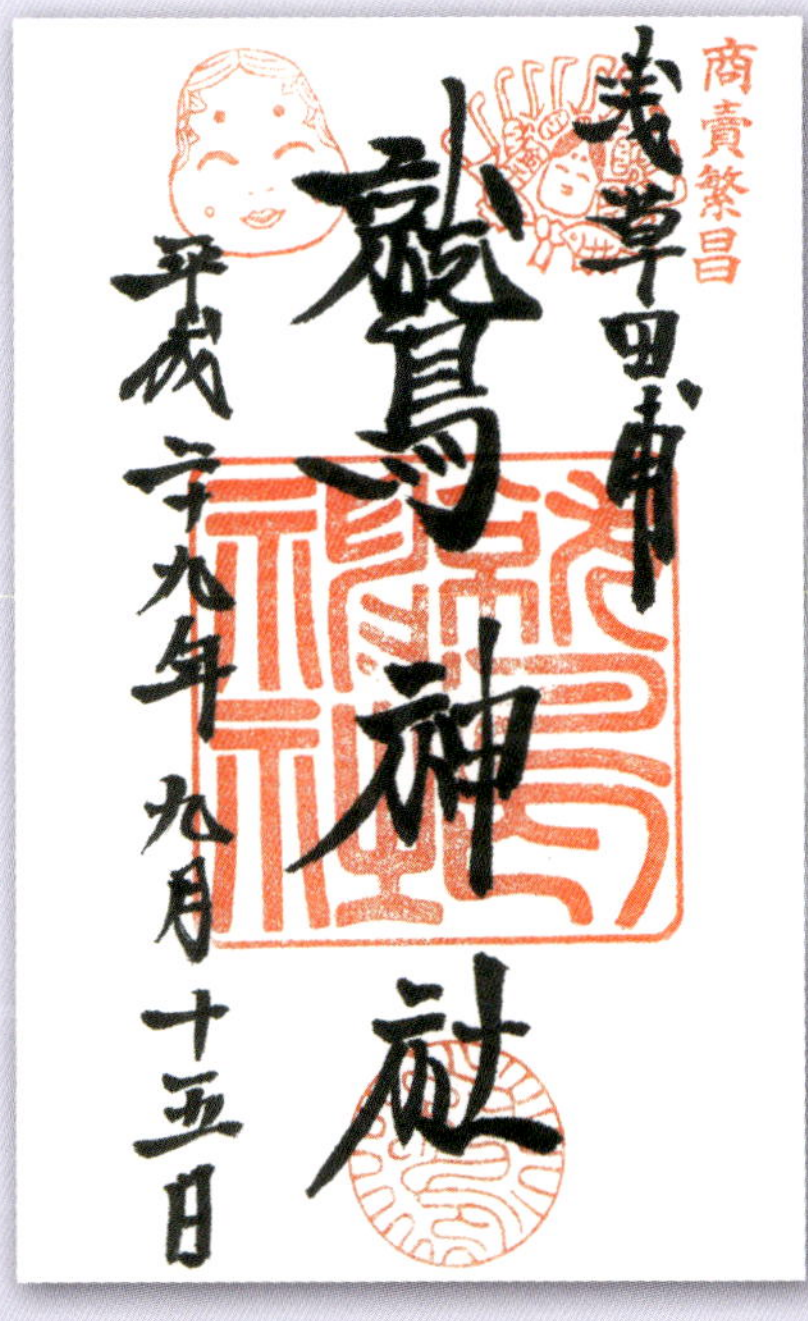

墨書
①浅草田甫
②鷲神社
③日付（平成二十九年九月十五日）
朱印
④商賣繁昌の熊手の印
⑤鷲神社
⑥鷲の字を崩した印
⑦お多福の印

鷲神社《おおとりじんじゃ》（東京都）

東京浅草にある「おとりさま」と呼ばれ親しまれている神社。天日鷲命《あめのひわしのみこと》、日本武尊《やまとたけるのみこと》を祀る。11月の例祭「酉の市《とりのいち》」は全国的に広く知られているが、正しくは「酉の祭《とりのまち》」と呼ばれた神祭日。

墨書
①奉拝
②靖國神社
③日付（平成二十九年四月二十二日）
朱印
④靖國神社

靖國神社《やすくにじんじゃ》（東京都）

明治2年、明治天皇の思し召しにより創建。幕末の志士から大東亜戦争（太平洋戦争）までの戦歿者246万6000余柱を祀る。気象庁が指定した東京の桜の標本木があり、古くより桜の名所としても知られている。

墨書
①奉拝
②荏柄天神社
③日付（平成十二年十一月七日）
朱印
④荏柄天神社

荏柄天神社《えがらてんじんしゃ》（神奈川県）

学問の神として知られる菅原道真公を祀る神社。関東を中心に各地に分社を持ち、福岡の太宰府天満宮、京都の北野天満宮とともに三古天神社と称される古来の名社。古くは荏柄山天満宮とも称された。

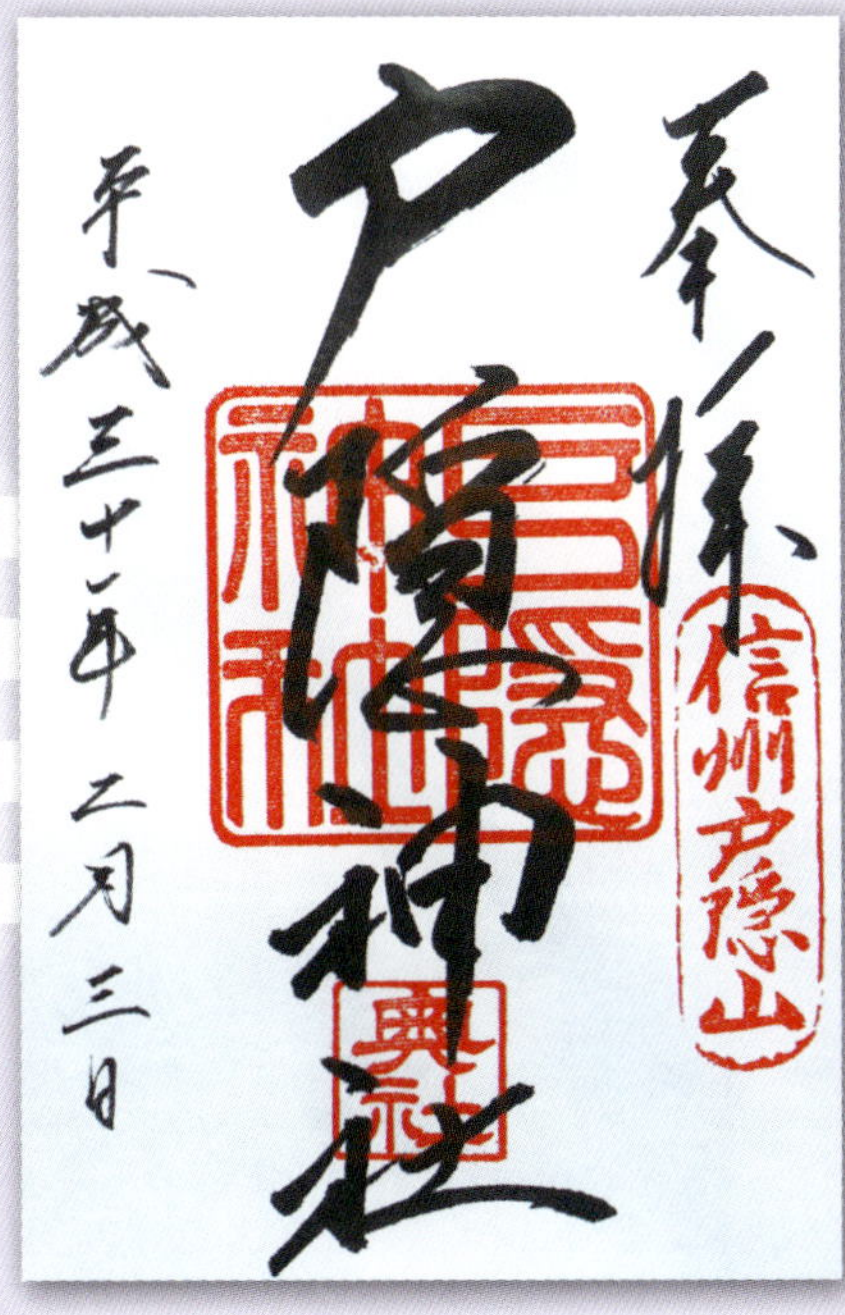

墨書
①奉拝
②戸隠神社
③日付（平成三十年二月三日）
④日付（平成二十二年十一月十三日）
朱印
⑤信州戸隠山
⑥戸隠神社
⑦奥社

戸隠神社《とがくしじんじゃ》（長野県）

奥社、中社、宝光社、九頭龍社《くずりゅうしゃ》、火之御子社《ひのみこしゃ》の五社からなる。「天の岩戸」が飛来し、現在の姿になったといわれる戸隠山を中心に発達。御祭神に「天の岩戸開きの神事」に功績のあった神々を祀る。

墨書
①奉拝
②日付（平成二十四年五月十六日）
朱印
③風林火山の軍配
④武田神社
⑤竜丸印

武田神社《たけだじんじゃ》（山梨県）

戦国時代きっての名将・武田信玄を御祭神として祀る。甲斐の国の守護神であるばかりではなく、「勝運」のご利益があるとして有名。御朱印には「風林火山」の軍配の印、軍令状、発給文書等に用いられた竜丸印が押される。

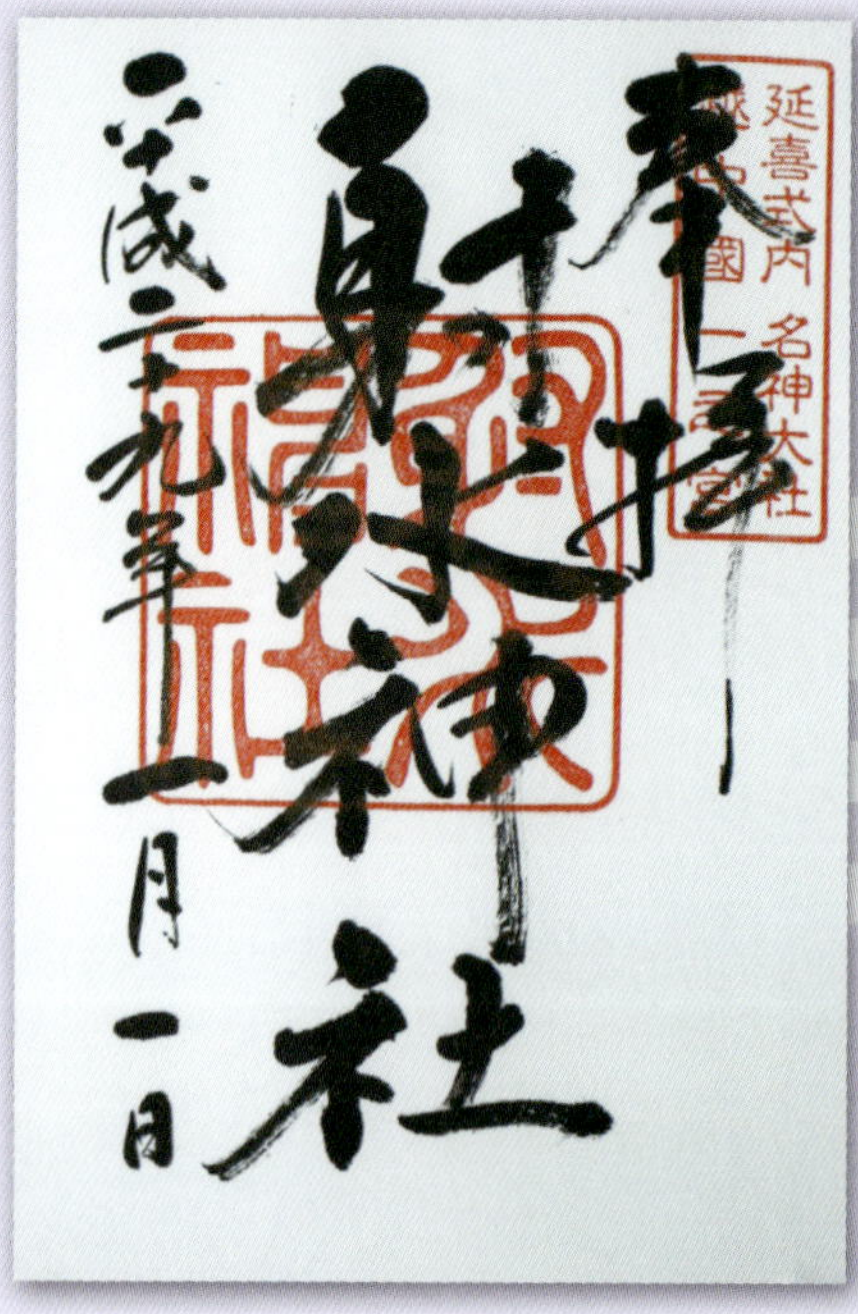

墨書
①奉拝
②射水神社
③日付（平成二十九年一月一日）
朱印
④延喜式内名神大社越中國一之宮
⑤射水神社

射水神社《いみずじんじゃ》（富山県）

御祭神は地元で二上神《ふたがみのかみ》と称される瓊瓊杵尊《ににぎのみこと》。天照大神《あまてらすおおみかみ》の孫神様。創祀は、日本書紀の天武天皇三年に奉幣を預かったと記されていることから奈良時代以前とされ、越中文化の発祥にゆかり深い総鎮守の神として崇敬されている。

墨書
①山王総本宮
②日吉大社
③日付（平成三十年二月三日）
朱印
④御幣を持った神猿の印
⑤日吉大社

日吉大社《ひよしたいしゃ》（滋賀県）

全国に約3800社ある日吉、日枝、山王神社の総本宮。猿を神の使いとしてあがめることで知られる。国宝の西本宮本殿は天正14年（1586）建立。檜皮葺《ひわだぶ》きで、屋根形式は「日吉造」という日吉大社特有のもの。

墨書
①方除の大社
②城南宮
③日付（平成二十九年三月三日）
朱印
④日月星　三光の御神紋
⑤城南宮

城南宮《じょうなんぐう》（京都府）

平安京遷都の際、都の南に守護神として創建され、城南宮と称す。後の御所から裏鬼門にあたり、方除け・厄災除けのご神徳に厚い信仰を集める。神苑「楽水苑」は中根金作の手になる名庭であり、しだれ梅や紅葉が美しい。

墨書
①奉拝
②春日大社
③日付（平成三十年一月一日）
朱印
④春日大社

春日大社《かすがたいしゃ》（奈良県）

春日山原始林を背景に、奈良公園内東側にある神社。「古都奈良の文化財」として世界遺産に登録されている。夫婦大国社は、縁結び・夫婦円満で有名で、水に浸すと文字が浮き出る水占い（おみくじ）も授与している。

墨書
1 熊野那智大社
2 日付（平成三十年二月二日）
朱印
3 日本第一霊験所
4 熊野那智大社
5 三本足の烏の神紋

熊野那智大社《くまのなちたいしゃ》（和歌山県）

社殿および境内地は、ユネスコの世界文化遺産「紀伊山地の霊場と参詣道」の一部として登録されている。社殿は現在、山の上にあるが、元来は那智滝にあり、滝の神を祀ったものと考えられている。

墨書
1 金刀比羅宮
2 日付（平成二十六年一月吉日）
朱印
3 琴平山
4 金毘羅宮印

金刀比羅宮《ことひらぐう》（香川県）

主祭神の大物主神《おおものぬしのかみ》とともに、相殿《あいどの》に崇徳《すとく》天皇を祀る。長く続く参道の石段が有名。本宮までは785段、奥社まで登ると1368段にもなる。海上交通の守り神として信仰されている。

墨書
❶奉拝
❷大山祇神社
❸日付（平成三十年二月四日）
朱印
❹延喜式内社伊豫國一宮
❺日本総鎮守大山祇神社之印

大山祇神社《おおやまづみじんじゃ》（愛媛県）

日本総鎮守と呼ばれる。瀬戸内海の大三島に位置。源氏、平家を始め多くの武将が武具を奉納したため、国宝、重要文化財の指定を受けた日本の甲冑《かっちゅう》の約８割が、この神社に集まっていると言われる。

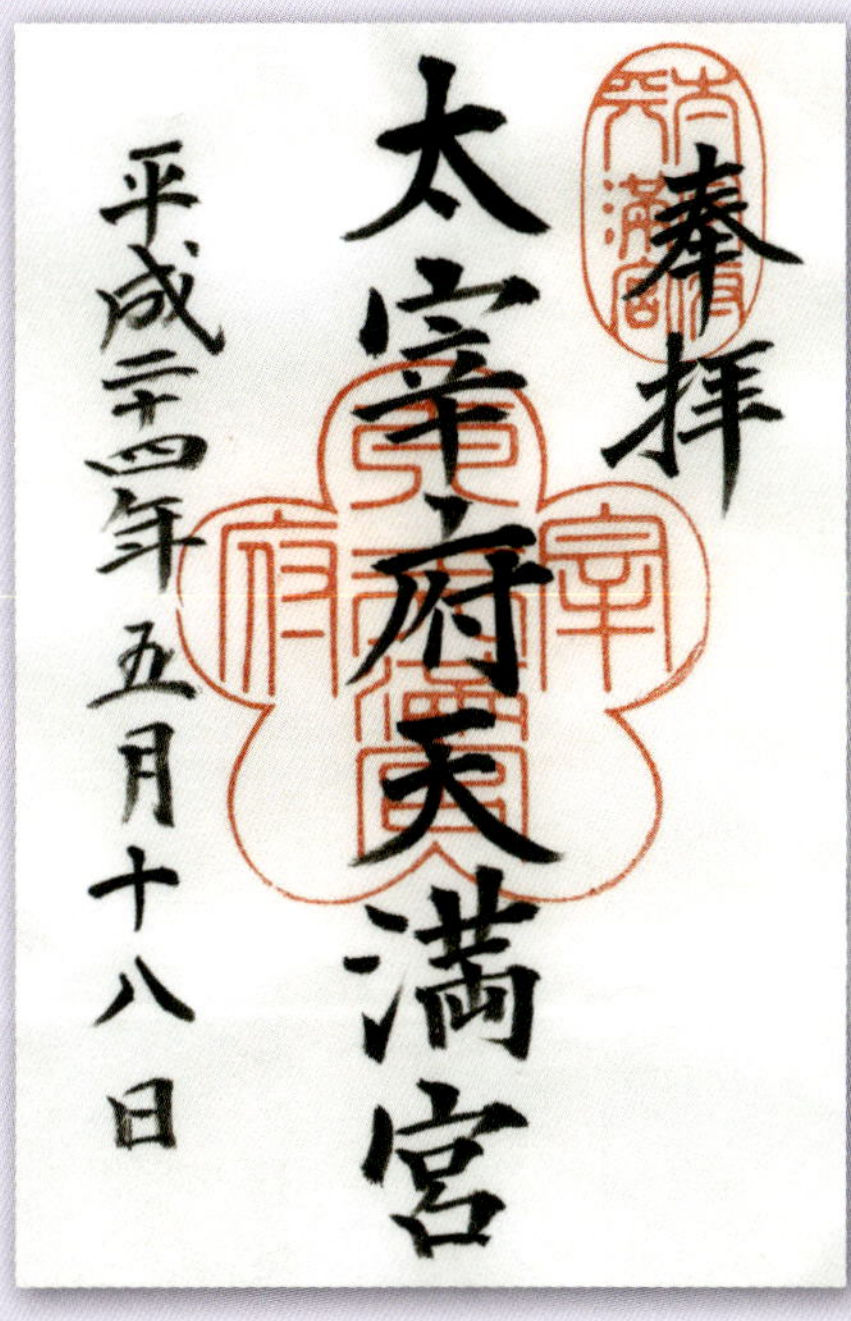

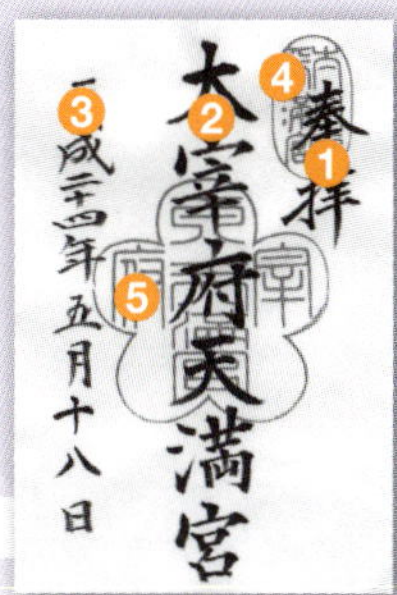

墨書
❶奉拝
❷太宰府天満宮
❸日付（平成二十四年五月十八日）
朱印
❹太宰府天満宮
❺太宰府天満宮

太宰府天満宮《だざいふてんまんぐう》（福岡県）

太宰府天満宮、北野天満宮、防府天満宮は併せて「三天神」と称される。当宮の梅林とクスノキの森は「かおり風景100選」に、季節で色が変わるおみくじは「新日本様式100選」に選ばれている。

掲載 御朱印&御朱印帳 寺社 インデックス

● 監修　八木　透（やぎとおる）
佛教大学歴史学部教授。民俗学専攻。文学博士。
1955年、京都市生まれ。同志社大学文学部卒。
佛教大学大学院博士後期課程単位修得満期退学。
日本民俗学会元理事、比較家族史学会副会長、京都民俗学会事務局長。
主な著書「図解雑学・こんなに面白い民俗学」（ナツメ社）、
「京都愛宕山と火伏せの祈り」（昭和堂）、「男と女の民俗誌」（吉川弘文館）など。

● 企画・編集　スタジオパラム

● Director　清水信次
● Editor & Writer　島上絹子
三浦靖史
吉田正広
● Camera　市川文雄
河西健治
● Design　三岳恵美（リドデッキ）
● Special thanks　護国寺、神田明神、石山寺、善光寺、諏訪大社、鳩居堂、
大野秀行、川瀬年雄、板垣光子、大薗雅美、佐藤典子

ご協力いただいた寺院、神社に深く感謝いたします。

御朱印のひみつ　見かた・楽しみかたがわかる本
札所・寺社めぐり超入門

2018年3月20日　第1版・第1刷発行

監修者　八木 透（やぎ　とおる）
発行者　メイツ出版株式会社
代表者　三渡 治
〒102-0093 東京都千代田区平河町一丁目1-8
TEL：03-5276-3050（編集・営業）
03-5276-3052（注文専用）
FAX：03-5276-3105
印　刷　三松堂株式会社

ご意見・ご感想はホームページから承っております。
メイツ出版ホームページアドレス　http://www.mates-publishing.co.jp/

編集長:折居かおる　企画担当:折居かおる　制作担当:清岡香奈

※本書は2012年発行の『御朱印　見かた・楽しみかた』を元に再編集した改訂版です。